Ausgedacht

in der Corona-Nacht

Astrid Mazur-Schaar

Ausgedacht

in der Corona-Nacht

Gedichte

**Bibliografische Information
der Deutschen Nationalbibliothek**
Die Deutsche Nationalbibliothek verzeichnet diese
Publikation in der Deutschen Nationalbibliografie;
detaillierte bibliografische Daten sind im Internet
über http://dnb.d-nb.de abrufbar.

Impressum

© 2021   Astrid Mazur-Schaar

Herstellung und Verlag:
BoD – Books on Demand, Norderstedt

ISBN 978-3-753464046

Gewidmet
all jenen, die
diese Pandemie
leider nicht überlebt haben,
denen, die
massiv unter dem Virus und dem Lockdown
gelitten haben und noch leiden,
sowie vor allem denen, die
alles in ihrer Kraft Stehende tun,
um uns durch diese Krise zu bringen.

Inhalt

In einsamer Quarantäne-Nacht

Es herrscht Corona, der neue Viren-Fluch.
Ich reime mir also ein Tagebuch.
Denn täglich wird man nun bombardiert
mit Informationen, was weltweit passiert.

Das Virus kommt näher, wird zur Pandemie.
Es entwickelt seine eigene Dramaturgie.
Der Mensch lässt sich als Rasse nur ungern besiegen.
Also kämpft er, den Ausbruch in den Griff zu kriegen.

Dummerweise lebt fast überall ein Troll,
der sieht nicht die Gefahr. Er hat die Nase gleich voll,
will sich auf keinen Fall der Situation anpassen.
Den sollte sich das Virus doch als erstes fassen.

Corona, Corona, Corona

(Melodie "Marina")

Corona, Corona, Corona,
du gehst mir so sehr auf den Sack.
Ilona und auch noch Ramona
sind viel mehr nach meinem Geschmack.

Ekelhaftes Virus, wann wirst du dich verpissen?
Ich werd' dich nicht vermissen.
Ach, hau doch wieder ab!

Ein Ding wie dich braucht keiner. Hab' lieber Pichelsteiner,
zur Not sogar mit Heiner.
Davon wird man nicht schlapp.

Bei Tag und Nacht hör' ich nur noch Corona.
Du nervst mich unentwegt, denn du bist so nah.
Ich weiß genau, du gehst auch mal vorüber.
Ich weiß genau, dass ich dir nicht vertrau'.

Corona, Corona, Corona,
du gehst mir so sehr auf den Sack.
Ilona und auch noch Ramona
sind viel mehr nach meinem Geschmack.

Ekelhaftes Virus, wann wirst du dich verpissen?
Ich werd' dich nicht vermissen.
Ach, hau doch wieder ab!

Ein Ding wie dich braucht keiner. Hab' lieber Pichelsteiner,
zur Not sogar mit Heiner.
Davon wird man nicht schlapp.

Ich werd' nicht krank. Ich will nicht an dir leiden.
Ich hoffe, ich kann weiter das vermeiden.
Sag, willst du denn nicht endlich von uns scheiden?
Wenn du nur gehst, das wäre wirklich schön.

Corona, Corona, Corona,
du gehst mir so sehr auf den Sack.
Ilona und auch noch Ramona
sind viel mehr nach meinem Geschmack.

Ekelhaftes Virus, wann wirst du dich verpissen?
Ich werd' dich nicht vermissen.
Ach, hau doch wieder ab!

Ein Ding wie dich braucht keiner. Hab' lieber Pichelsteiner,
zur Not sogar mit Heiner.
Davon wird man nicht schla-a-app.

Der Lockdown treibt seltsame Blüten

Manche Leute haben doch einen Sockenschuss.
Die reden öffentlich den totalen Stuss.
Nun klagte ein Mädchen auf der Querdenker-Demo,
denn sie hatte wohl etwas ja ganz falsch memo-
riert in der Schule, oder war 's die Mutter,
die im Home Schooling das falsche geistige Futter
an die Kleine gab. Die war ziemlich frustriert,
weil im Corona-Lockdown so viel nicht passiert.

Sie kann nämlich nicht mit ihren gerade elf Jahren
in Urlaub oder zu Freunden fahren.
Sie soll nicht einmal ihren Geburtstag feiern.
Dies Corona liegt über allem so bleiern.
Das Kind ist eingesperrt und muss sich verstecken,
damit man die Party keinesfalls kann entdecken.
Echt, das Mädchen spürt in dieser prekären Lage
eine absolut vergleichbare Bedrohungsfrage.

Also klagt das Kind sein Leid lautstark in die Welt.
Es hat sich bei der Demo aufs Podium gestellt.
Dort sagt es tatsächlich – das ist doch krank! –
"Ich fühle mich derzeit wie Anne Frank."
Ja, geht 's noch?! Was ist das für ein dummes Gör?!
Welcher Volldepp war hier eigentlich der Souffleur?
Wenn sich Querdenker solch einen Bullshit ersinnen,
dann ist kein Zweifel,
        dass die alle plemplem sind und spinnen!

Täglich ein neues Gerücht

Corona haben die USA gemacht.
Ein kleiner Labortroll hat sich gedacht,
er muss die Sache in die Hand selbst nehmen,
weil sich die Regierungsfuzzis nicht bequemen,
den Handelskrieg mit China zu beenden.
Ein neues Virus sollte zum Erfolg alles wenden.

Also nahm der Laborant ein paar Komponenten,
von verschiedenen Viren die abgetrennten
Abfallstücke, ein bisschen von jenem und diesem,
um daraus einen tückischen Cocktail zu gießen.
Das alles packte er in eine Fledermaus.
Damit flog er nach China und setzte sie bei Wuhan aus.

Nachdem die neue Krankheit war ausgebrochen,
dauerte es noch ein paar tatenlose Wochen,
weil in China ja immer die Partei bestimmt,
was überhaupt als relevant in die Nachrichten *kimmt*,
bis die Welt allgemein von der Gefahr erfuhr.
Vom Laborantentroll verlor sich jede Spur.

Der dachte, er hätte das prima geschafft,
dass sein Virus nun die Chinesen hinrafft.
Er war wieder daheim, um abzuwarten,
wie seine Kreation den Vernichtungszug starten
würde und wie nach China Russland und der Rest der Welt
nach und nach dem Virus zum Opfer fällt.

Amerika war so schön weitab vom Schuss.
Das Virus zu verleugnen wäre doch ein Genuss
für den Präsidenten – übrigens auch ein Troll –
der sicherheitshalber recht vorwurfsvoll
die Chinesen als Kungflu-Verursacher titulierte,
denn Verleugnen und Lügen schon immer funktionierte.

Dummerweise aber hat sich der Laborant
selbst angesteckt, was er nicht hat erkannt.
Er ging auf Partys und zum Spring Break Massenbesaufen,
war Mittelpunkt von jedem Veranstaltungshaufen.
Und plötzlich war halb Amerika auch infiziert.
Das ist kein Fake News, Leute, genauso ist 's passiert.

Nachtrag:

Ach, und die Version,
        den Chinesen wäre das Virus entkommen,
die ist genauso plausibel, ganz unbenommen.

So wie das Gerücht, die immunen Aluhutechsen,
die waren das. Nun sitzen sie rum und relaxen.

Vielleicht war ja ich das mittels Telepathie
oder doch nur die Fledermaus, dieses blöde Vieh!

Von wegen Tierwohl

Was haben Rinder, Hühner und Schweine
gemeinsam alle drei nicht nur zum Scheine?
Sie sind Virenerfinder, das ist ihre Rache
gegen den Menschen, der diese Sache
mit ihnen macht. Er hält sie gefangen,
um letztlich an ihr leckeres Fleisch zu gelangen.
Ist doch klar, dass die Tiere sich dagegen wehren.
Keiner hört auf sie, wenn sie sich beschweren.

Besonders perfide sind Schlachtbetriebe,
die in ihrem Logo glückliche liebe
und fröhlich grinsende Tiere zeigen
und obendrein geflissentlich noch verschweigen,
mit welchen Methoden sie die Arbeiter ausbeuten,
die im Akkord die Tiere schlachten und häuten.
Kein Wunder, dass dort der Virenausbruch enorm.
Es braucht dringend eine Tier- und Arbeitsrechtsreform.

Durchschnittsfamilie

Conny und Ronny haben neunzehn Kinder.
Die machen Krawall und stressen nicht minder.
Der Jüngste, Covid, ist ein echter Rabauke.
Der folgt nie und haut ständig auf die Pauke.
Er treibt sich auf überfüllten Plätzen gern rum.
Seinen Mundschutz hat er dabei meist nicht um.

Seine Mutter mahnt: "Wie oft muss ich 's noch sagen?!
Du musst draußen stets eine Maske tragen.
Es ist gefährlich, du könntest dich gar infizieren,
weil die Menschen überall ihre Spucke hinschmieren.
Also, Maske auf, Handschuhe an und Abstand halten."
Doch die Ermahnungen bei Covid alle abprallten.

Es kam, wie es musste, nach zwei Wochen schon
zeigte Covid das erste Erkrankungssymptom.
Er hatte sich am Menschenvirus angesteckt.
Um ein Haar wäre er daran sogar verreckt.
Kaum war er gesund, ist er wieder weggelaufen.
Da riefen Conny und Ronny:
                    "Die Menschen werden wir uns kaufen!"

Keinen Bock auf Lockdown

Das Aua des anderen tut mir nicht weh.
Und wenn ich noch nicht mal so ein Virus seh',
wie soll ich da eine Gefahr erahnen,
vor der mich die Virologen mahnen?

Die wollen mich doch nur in meiner Freiheit beschränken.
Die wollen uns alle wie Marionetten lenken.
Aber nicht mit uns! Wir kennen unsre Rechte.
Ich tue und lasse nur das, was ich grad möchte.

Was soll schon passieren, wenn wir Party machen?
Wir sind doch unter uns. Nur so lassen wir 's krachen.
Und wir hören auf die Predigt von unseren Alten,
die da lautet: Wir müssen zusammenhalten!

Au, Kacke, schon sind wir zu fünfzig Prozent
infiziert und es gibt noch kein Medikament.
Aber andererseits heißt das, die Hälfte ist noch gesund.
Also auf zur nächsten Party. Wir feiern weiter, na und.

Fünf ruhige Tage über Ostern

Was haben wir bei uns im Land
gegen Corona in der Hand?
Eine Impfung, aber die läuft nicht recht.
Schnelltests – auch da ist die Versorgung schlecht.
Medikamente? Davon hat man lang nichts gehört.
Bleibt nur der Lockdown, der das Volk in der Logik empört.

Es macht Sinn, wenn alle zuhause bleiben.
Über Ostern jedoch, an fünf Tagen schreiben
die Länderchefs dem Volk eine Totalsperre vor.
Da reicht jetzt nicht mal mehr Galgenhumor.
Um fünf Tage am Stück nicht einzukaufen,
sollen alle Bürger an drei Tagen auf die Märkte laufen.

Die Frischware, mit der man sich regelmäßig versorgt,
die wird dann wohl großzügig im Kompost entsorgt.
Man möchte jetzt schnell nach Mallorca fliegen,
um zuhause nicht den Locked-in-Koller zu kriegen.
Die Regierung aber, so gar nicht bekloppt,
hat den Einsatz zusätzlicher Flüge gestoppt.

Man will, dass das Volk brav im Lockdown bleibt
und sich keinesfalls die Tage woanders rumtreibt.
Ferienwohnungen, Camping, alles verboten.
Kommt noch Ausgangssperre? Wir schließen die Schotten.
Korrektur:
          Schon tags drauf wurde die Regel wieder gekippt.
Was kommt als nächstes? Das ist, als ob man im Lotto tippt.

Unser Land katapultiert sich zurück ins Mittelalter.
Wir werden nicht regiert, da sitzen müde Verwalter,
die sich träge auf Lösungen nicht konzentrieren,
die den Überblick täglich ein Stück mehr verlieren,
die lieber nichts wagen, aus der Furcht, sich zu irren.
Oder wollen sie das Virus auf diese Art verwirren?

Ihr da oben, was ist nun mit eurem Versprechen,
dass die Grundversorgung wird nicht zusammenbrechen?
Wir lassen uns so lang schon von so vielem aussperren.
Die AHA-Regeln funktionieren aber nur durch Entzerren.
Habt Ihr das nach einem Jahr noch nicht mal kapiert?
Dann wundert euch nicht,
          wenn ab Herbst jemand andrer regiert.

Hoffen ist dumm

Wir hofften doch alle, dass bei den Chinesen,
wo Corona begann, wäre auch Schluss gewesen.
Jedoch in der globalisierten Welt
übernimmt so ein Virus ein viel größeres Feld.
Es schlich sich als Gepäck bei Reisenden ein.
Es versteckte sich, denn jeder schien gesund zu sein.

Aber dann schlug es zu international:
Gestern war Optimismus, heut mit einem Mal
beginnen die Menschen, die Infizierten zu zählen.
Doch was alsbald die Virologen empfehlen,
das nimmt man nicht ernst bei zwei, drei Kranken.
Da interessieren uns noch lang keine Schranken.

Und, während das Virus bald überall lauert,
hat es weltweit noch ein paar Wochen gedauert,
bis man glaubte, die Gefahr ist auch bei uns reell.
Die Regierungen reagierten unterschiedlich schnell.
Auch waren sie nicht alle gleich gut aufgestellt,
weshalb die Zahlen sind ungleich nach oben geschnellt.

Egal, in jedem Gesundheitssystem
konnte man ziemlich bald doch auch seh'n,
dass die Kapazitäten sich erschöpfen würden.
Die Billigproduktion im Ausland schuf weitere Hürden.
Manche Firmen begannen, sich umzurüsten,
während sich nirgendwo mehr die Menschen küssten.

Man musste sich voneinander isolieren.
Restaurants schlossen, keiner konnte dort mehr dinieren.
Alle Reisen wurden in die Zukunft verschoben
und manchmal sogar komplett aufgehoben.
Das Leben war auf einmal nicht mehr so wie vorher.
Die belebtesten Zentren waren nun menschenleer.

Und dann begann die Zeit des Wartens und Bangens,
ob man die Ziele dieses gigantischen Unterfangens,
nämlich das Virus wieder los zu werden,
schaffen könnte gemeinsam auf Erden.
Man hoffte, dass nicht noch mehr Menschen starben,
sondern sich viele eine Immunität erwarben.

Aus der Ansage:
          "Wir brauchen mindestens eineinhalb Jahre
für einen Impfstoff", schlossen die Menschen die klare
Aussage, dass spätestens dann könnt' man impfen.
Ich höre schon jetzt das empörte Schimpfen
aller, falls dieser Termin nicht klappt,
weil der Mensch munter
          von einer in die nächste Falle tappt.

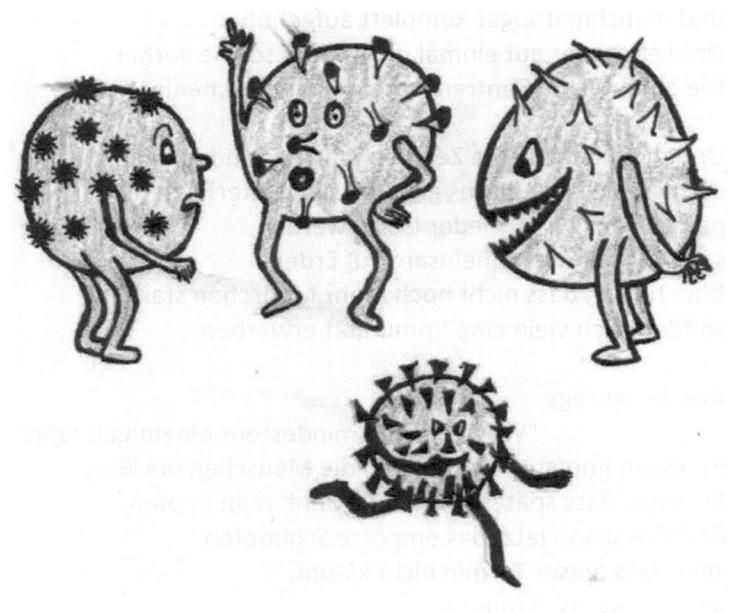

Virologen-Märchen

Das Grippe-Virus ist angepisst,
weil Corona auf einmal viel wichtiger ist.
Dieser Schnösel aus China hat sich vorgedrängt.
Sogar Kontaktverbote wurden verhängt.
Das findet das Grippe-Virus infam,
weil eine viel höhere Zahl durch es zu Tode kam.

Also sinnt es auf Rache. Es will wieder mutieren
und in der nächsten Saison noch viel mehr infizieren.
Es will diesem Wichtigtuer den Garaus machen.
Es will einen wahren Shitstorm entfachen.
Doch das Norovirus durchkreuzt diese Pläne.
Es sagt: "Sorry, Leute, Shitstorm, das ist meine Domäne.

Die Menschen hier reichen außerdem für uns alle,
weshalb ich ja auch nicht jeden befalle.
Vielleicht sollten wir mit Corona nur einmal reden,
auf dass wir uns nicht gegenseitig befehden.
Es hilft doch keinem, wenn wir unsre Wirte alle töten."
Das hat die Grippe verstanden. Nun schwieg sie betreten.

"Okay, lassen wir Corona noch ein wenig toben.
Dann aber muss es uns feierlich geloben,
dass es künftig nur noch lokal ausbricht
und wir bekommen wieder ein Gleichgewicht."
Doch dann hört man von hinten protestierende Schreie:
"Hallo, ich heiße Ebola, ich will auch an die Reihe!"

Die Versammlung wird größer, beengt alle hocken.
Schlussendlich ergreift das Wort das Virus der Pocken:
"Gemach, gemach, wollt auf der Welt ihr bleiben,
dann solltet ihr es infektiös nicht übertreiben.
Ihr seht doch, was uns das weltweite Wüten gebracht:
Die Menschen haben uns einfach den Garaus gemacht."

"Davon kann ich ebenfalls ein Liedchen singen.
Man will uns Masern auch überall niederringen.
Gott sei Dank sind ein paar Leute nicht impfbereit,
sonst wäre es vorbei mit unsrer Freizügigkeit."
Das alles hat Corona sich heimlich angehört.
Dann ist es gegangen und machte weiter ungestört.

Ein Virologe aber hatte eine Idee:
Es braucht einen Virus fürs Virus, das ist der Dreh.
Man muss doch nur das Corona-Virus infizieren.
Schon wird es seine Wirkung verlieren.
O weh, das gibt ein übles Gezücht.
Erfreulicherweise ist das alles nur ein Gerücht.

Auf wen das Los getroffen

Ich geb' 's zu, ich hab' Schiss,
denn es ist ja nicht gewiss,
dass ein harmloser Verlauf
(den nähm' ich sogar in Kauf),
wenn das Virus mich befällt,
mich zurücklässt auf der Welt.

Und ich habe Panik auch
vor einem Beatmungsschlauch.
Muss man so was in mich schieben,
habe ich zu meinen Lieben
den Kontakt wohl aufgegeben.
Dann geht 's nur ums Überleben.

Täglich hört man – welche Qual! –
in den Nachrichten die aktuelle Zahl.
Wie viele hat das Virus dahingerafft?
Wie viele haben es nicht geschafft?

Mir bleibt nichts andres übrig, als mich gut zu verstecken.
Hoffentlich werden mich die Viren dann nicht entdecken.
Wäre Corona eine Lotterie,
würde ich beten, ich gewönne nie.

Alles ist möglich

Ein Virologe hat realisiert,
das Corona-Virus ist schon mutiert.

Er wagt nicht, der Menschheit diese Nachricht zu bringen,
denn ein Impfstoff wird leider nicht so bald gelingen.

Und wir alle, die wir hoffen, Corona würd' sich verzupfen,
hoffen auch, die Mutation führt dann
nur zu einem Schnupfen.

Einfach nur Pech

Der Chinese Sing-Sang Fu lag im Krankenhaus.
Die Ärzte sagten, es sähe nicht gut für ihn aus.
Also kam sein Geschäftspartner aus dem Westen,
denn mit der Firma stand es auch nicht zum Besten.

Der Mann trat ganz nah an den Kranken heran.
Dieser flüsterte: "Nǐ zhàn zài wǒ de hūxī guǎn shàng!"
Da der Geschäftspartner aber kein Chinesisch spricht,
stand er ratlos nur da, denn er verstand ihn nicht.

"De hūxī guǎn shàng!" röchelte Sing-Sang Fu noch einmal.
Dann fiel sein Kopf zurück, der Blick war leer und fahl.
Nach zwei Minuten war es mit ihm vorbei.
Die Schwestern kamen, dann war das Bett wieder frei.

Beim Hinausgehen sprach der Geschäftsmann zu ihnen,
da sie ihm sprachlich kompetent erschienen:
"Verzeihung, was heißt
              'Nǐ zhàn zài wǒ de hūxī guǎn shàng'?"
Die Krankenschwestern sahen den Geschäftsmann blöd an.

"Guter Mann, wollen Sie auf den Arm uns nehmen?
Das ist nicht zum Scherzen. Sie sollten sich schämen!
Es heißt: 'Geh von meinem
              Sauerstoffschlauch runter, bitte'." *
Da rannte der Geschäftsmann
              lieber gleich ab durch die Mitte.

*) Eigentlich heißt es:
    "Sie stehen auf meinem Sauerstoffschlauch."

Zwiebelschneiden

Neulich hab' ich eine Zwiebel geschnitten.
Fragt nicht, was ich hab' dabei gelitten ...
Der Saft stieg nach oben in die Augen mir.
Ganze Wasserfälle stürzten von hier.

Ich hab' nichts mehr gesehen, ich schnitt also blind.
Und dann habe ich plötzlich, das ging ganz geschwind,
mir einen Fingernagel dabei abgetrennt.
Da habe ich gleich noch viel mehr geflennt.

Nicht nur wegen dem Nagel, sondern auch weil
mir momentan wird so Fieses zuteil:
Die Nagelstudios sind derzeit alle geschlossen
wegen dem Drecks-Corona.
Da hab' ich noch eine extra Träne vergossen.

Krise für alle

Es gab in unsrem Leben durchaus manche Krise,
aber keine betraf uns alle so unmittelbar wie diese.
In der Regel haben Machthaber mit den Hufen gescharrt,
haben die Welt mit ihren Schwanzlängenvergleichen
genarrt.
Es gab auch Krieg, doch am anderen Ende.
Ab und zu verseuchte ein Leck geschlag'ner Tanker
Gelände.
Die Erde bebte, es gab Tschernobyl.
Ein Tsunami in Südostasien vernichtete viel
viel mehr Leben als der, der Fukujima versenkte,
was in der Folge ein dezentes Umdenken einlenkte.

Doch egal, was auf der Welt irgendwo war passiert,
die Menschheit machte bald weiter wieder ungeniert,
als ginge sie das alles gar nichts an ...
... bis eines Tages ein Virus namens Corona kam.

Erst langsam, dann plötzlich war allen klar,
dass das der Beginn der Apokalypse war.

Der Flugverkehr wurde fast eingestellt.
Es wurden Infizierte und Tote gezählt.
Die Versorgung lief erst mal leidlich weiter.
Das Klopapier-Hamstern nahm man irgendwie heiter.

Leider hat das Virus nicht nur die Dummen befallen.
Dann würden deren überzogene Forderungen
endlich verhallen.

Da wäre noch eine Frage ...

Patient Null von Corona wurde noch nicht gefunden.
Wohin ist dieser Mensch denn eigentlich verschwunden?
Ja, wo hat er sein Ansteckungsunwesen getrieben
und wo ist er anschließend abgeblieben?

War er symptomfrei und kam bei einem Unfall ums Leben,
noch bevor sich das weltweite Pandemie-Erdbeben
ausbreiten konnte, also bevor man noch ahnte,
was sich für eine Todesgefahr da anbahnte?

Wo hat die Seuche wirklich ihren Ursprung genommen?
War es ein Flughafen, wo viele das Virus bekommen?
Sind die Infizierten dann in alle Herren Länder geflogen
und ein Mann ist nach Wuhan
                              in Richtung Markt losgezogen?

Dort hat er etliche Menschen gleich angesteckt.
Das ging ziemlich einfach. Der Markt ist verdreckt.
Da halten sich Keime in stattlicher Zahl.
Als Verteiler für neue Viren ist dieser Ort ideal.

Doch noch immer bleibt diese wichtige Frage offen:
Wo ist Patient Null nur auf das Virus getroffen?
Gehörte Fledermaus-Ragout zu seinen Delikatessen
oder hat er im Labor abzuschließen vergessen?

Der Zoo ist geschlossen

Den Tieren, die im Zoo gefangen,
ist natürlich nicht entgangen,
und zwar schon nach zirka fünf, sechs Wochen,
dass die Besucherzahlen sind eingebrochen.
Keiner kommt mehr, um zu glotzen und zu provozieren.
Also machte sich unter all diesen Tieren
eine gewisse Unruhe breit.
Nicht einmal mehr zur Fütterungszeit
kamen Eltern mit ihren Kindern vorbei.
Im Zoo war es ruhig, nur das Affengeschrei
erklang noch, doch der Kinderlärm war verstummt.
Dafür hört man, wie die Klimaanlage brummt.

Von den Pflegern war auch nichts zu erfahren,
außer dieses merkwürdige Gebaren,
dass sie voneinander möglichst Abstand nehmen,
als ob sie miteinander aus nicht mehr kämen.
Die Tiere empfanden das etwas idiotisch,
doch bald schon wurden sie selbst ganz neurotisch.
Sie fragten sich, ob sie voll Unbedacht
eventuell hätten etwas falsch gemacht.
Da flatterte eine asiatische Fledermaus
ganz hektisch herum ums Elefantenhaus.
Sie sagte: "Sorry, ich hab' kürzlich einen Virus verloren.
Der hat sich als neuen Wirt dann den Mensch auserkoren."

Nun wussten die Tiere also, was geschehen.
Man konnte überall besorgte Mienen sehen.
"Du Idiot, wieso hast du nicht besser aufgepasst?
Kann es sein, dass du die Menschen hasst?"
Da fühlte sich die Fledermaus ertappt.
Doch egal, es hatte schließlich geklappt.
"Nun ja, der Mensch vernichtet meine Lebensräume.
Da liegt es doch nahe, dass ich ein wenig aufräume.
Und auch ihr würdet in freier Natur lieber leben,
anstatt euch hier ins Gefangenenschicksal zu ergeben."
"Also, uns geht es doch gut hier", meinte das Gnu.
Doch alle anderen Tiere riefen: "Das glaubst auch nur du."

Corona-Jojo

Bleiben Sie unbedingt bei sich zu Haus.
Das ist Vorschrift. Doch Sie dürfen natürlich auch raus.

Die Masken sind zwar nutzlos, doch wenn Sie eine hätten,
könnte das Tragen derselben natürlich Leben auch retten.

Läden dürfen weiterhin nicht geöffnet haben.
In die offenen dürfen Sie dennoch gern traben.

An dem Virus ist nichts gefährlich,
                                    doch können viele sterben.
Aber lasst euch doch davon nicht die Stimmung verderben.

Es gibt keinen Mangel, nur ein paar Dinge fehlen.
Und andre sind grad aus. Das erleichtert das Zählen.

Das Virus steckt Kinder ja keinesfalls an.
Bis auf die Ausnahmen natürlich dann und wann.

Tiere sind vom Virus überhaupt nicht betroffen,
bis auf ein paar Katzen, Tiger, Hunde - Ergebnis offen.

Im Krankheitsfall werden Sie viele Symptome kriegen.
Sie können Corona aber auch völlig symptomfrei erliegen.
Sie können erkrankt sein, ohne Symptome zu haben.
Auch symptomfreie Gesunde das Virus weiter schon gaben.

Man muss sich um Alte und Einsame kümmern.
Besucht man sie oder nicht,
             es wird ihr Leben verschlimmern.
Das Virus bleibt aktiv nur über zwei, vier, sechs Stunden.
Man hat es aber auch nach Tagen noch gefunden.
Es bleibt nicht in der Luft,
             doch es kann auch länger schweben.
Es haftet nirgends an, aber es bleibt überall kleben.

Das Gebot der Stunde ist, dem Virus auszuweichen.
Eine kollektive Immunität lässt sich so aber nicht erreichen.

Waren Sie infiziert und sind auch wieder genesen,
heißt das nicht, das wäre es für Sie dann gewesen.
Sie können jederzeit wieder daran erkranken.
Für die Immunität dazwischen
             dürfen Sie sich gerne bedanken.

Hamstern ist nicht nötig, doch Sie sollen sich deswegen
von allem, was man braucht, einen Vorrat anlegen.

Nehmt euch das zu Herzen, befolgt alle Regeln.
Das Virus wird sich vielleicht irgendwann einpegeln.
Womöglich werden wir es sogar mal besiegen,
auch wenn wir es wie die Grippe jedes Jahr dann kriegen.

Szenen aus dem Lockdown

"Waffen für alle!" – So ist die Devise,
wie man in dieser Corona-Krise
die Menschen perfekt auf Distanz halten kann.
"Zehn Schritte zurück, bevor den Hahn ich spann'!"

Man könnte die Infizierten doch auch gleich erschießen.
Dann könnten wir weiter unsre Freiheit genießen.
Man müsste dann auch weniger Leute entlassen.
In Großraumsärge viel mehr Leichen passen.

Also stehen die bewaffneten Bürgerwehren
vor den Regierungssitzen mit ihren Sturmgewehren.
Man fordert das frühere Leben zurück.
Nicht mehr lange, bis der Erste den Abzug drückt.

Eine Frau hat kürzlich auf einer Demo *gekrischen,*
sie müsste ihre Haarfarbe endlich wiederauffrischen.
Es ginge doch nicht an, dass man sie zwingt zum Verzicht.
Sie wäre doch gesund und das ändert sich auch nicht.

Sie wäre schließlich ein gläubiger Christ.
Das ist das auserwählte Volk, das immun nämlich ist.
All die anderen gottlosen Liberalen
würden jetzt doch nur für ihre Sünden bezahlen.

Das Schlechte gehört endlich ausgerottet.
Danach ist die Furie von dannen getrottet.
Echt schade, dass Corona nicht nur die Blöden befällt.
Dann hätten wir bald eine viel schönere Welt.

Corona klingt so weiblich

Hat eigentlich schon mal jemand an die Frauen gedacht,
was mit ihnen dieses Scheiß-Corona macht?
Ich meine nicht die alleinerziehenden Mütter
im Home Office, die nun – ja, auch das ist echt bitter –
zwischen Kochen, Präsentieren und Unterrichten eiern.

Nein, ich meine Frauen, die von Freiern
abhängig sind und jetzt nichts mehr verdienen,
die auch auf keiner Unterstützungsliste erschienen.
Wie wird das dann laufen, wenn das Kontaktverbot
gelockert wird, aber nur mit Maskengebot?

Manche Domina hat damit kein Problem,
doch für Prostituierte ist das unangenehm.
Sie kann doch dem Hurenbock keinen blasen
mit einem Mundschutz *vor der Nasen*.
Und Abstandhalten ist auch recht schwer
beim Vollzug vom einvernehmlichen Geschlechtsverkehr.

Was ist eigentlich aus den Geliebten geworden,
deren Gönner sie seit Wochen nicht mehr supporten?
Die Männer durften nicht mehr aus dem Haus.
Das hielt vermutlich manche Beziehung nicht aus.
Außer, der Mann ist zu seinem Verhältnis gezogen,
mit dem er die Frau schon ewig betrogen.

Ja, Corona hat vieles durcheinander gebracht
und manch ein Paar hat sich darüber verkracht.
Manche Frau trägt zum Mundschutz eine Augenbinde.
Alle hoffen, dass Corona bald wieder verschwinde.

Zwei mal zwei Wochen

Mallorca macht den Urlaubstest.
Heißa, das gibt jetzt ein Fest!
Der Ballermann hat wieder offen.
Nun wird gefeiert und gesoffen.
Hygieneregeln? Abstand halten?
Das ist doch nur was für die Alten.
Wir sind gesund, wir woll'n nichts missen.
Wir wollen flirten und auch küssen.

Wir sind gesund hier hergeflogen.
Wir machen doch jetzt keinen Bogen
um andre. Was soll schon passieren?
Wir wollen uns hier amüsieren!
Geht 's einem schlecht, dann bleibt er liegen.
Der wird schon kein Corona kriegen.
Der hat 'nen Kater, das ist alles.
So heißt die Influenza Malle's.

Und geht 's nach vierzehn Tagen dann
nach Hause, fängt der Ärger an.
Drei haben leichte Fieberschübe.
Die Zukunft wirkt ein wenig trübe.
Denn alle, die aus Malle kommen,
werden in Quarantäne genommen.
Noch mal zwei Wochen, diesmal ohne Kontakt.
Mensch, im Urlaub war das Virus so herrlich abstrakt.

Mutation erwünscht

Würde Corona nur Verbrecher befallen,
also die schlimmsten Menschen von allen,
dann bekäme dieses Virus sofort meinen Segen.
Die Mehrheit wäre sicher auch nicht dagegen.

Das Virus wäre ein willkommener Rächer
gegen Mörder, Vergewaltiger, Kriegsverbrecher,
gegen Kinderficker und üble Kriminelle,
gegen Menschenhändler und auf alle Fälle
auch gegen Sklaventreiber und Drogendealer,
Schutzgelderpresser und Milliardenverspieler,
gegen Folterknechte und Halsabschneider,
gegen Umweltvergifter und Lügenbeeider,
gegen Frauenverprügler und Terroristen,
gegen Auftragskiller, Betrüger, Sadisten,
gegen sämtlichen Abschaum, der diese Welt
wie das Virus in Angst und Schrecken hält.

Und wäre dann solcherart aufgeräumt –
ein Zustand, von dem doch wohl jeder mal träumt,
von den Gestorbenen würde keiner vermisst.
Doch man würde sich wundern, wie leer es plötzlich ist.

Der verschwundene Zeitgeist

Nächtelang bin ich vor Kneipen rumgehangen
und versuchte, den Zeitgeist einzufangen.
Ich habe ihn aber nicht angetroffen.
Die Kneipen waren geschlossen, keiner hat mehr gesoffen.
Auch die Straßen davor waren gähnend leer.
Mir schien, Kneipengänger gab es nicht mehr.

Doch auch Menschen,
        die sonst nachts durch die Straßen flanierten,
und solche, die gern in Lokalen dinierten,
die sind inzwischen alle verschwunden.
Zumindest hab' ich keinen von ihnen gefunden.
Die haben den Zeitgeist wohl mitgenommen,
denn sonst hätte ich den doch zu sehen bekommen.

Geschäftsideen unter Corona

Wie sich Desinfektionsmittel-Hersteller
grad die Zeit vertreiben?
Nun, sie verbringen sie, indem sie sich die Hände reiben.

Doch auch andere Fabrikanten wollen am Virus gesunden.
Einer hat ein gutes Mittel gefunden.
Mit Pfefferspray desinfiziert er die Hände.
Schon ist es mit dem Griff ins Gesicht zu Ende.

Seit man Masken benötigt in unendlicher Zahl,
wagen sich auch unbegabte Menschen einmal
an die Nähmaschine, mit der sie ringen,
damit Gesichtsmasken ihnen irgendwann gelingen.
Recht häufig kommen nur Mund-Kinn-Masken heraus.
Sogar diese verkaufen sich aber durchaus.

Der erste Corona-Herbst

Das Herbstlaub ist dieses Jahr auffällig bunt.
Es ist gelb, rötlich braun, leicht grünlich und
ein helles Blau ist auch dazwischen
und will sich in die Laubberge mischen.

Dieses blaue Laub hat noch weitere Mängel:
Weiße Gummis rechts und links
statt in der Mitte ein Stängel,
womit es überall einfach hängen bleibt
und die Laubbläserfraktion in den Wahnsinn treibt.

Neben dem Laub, das sich türmt zu riesigen Haufen,
muss man weiterhin über blaue Fetzen laufen.
Mit diesen neuen "Blättern" wird die Natur verschandelt.
So hat sich dieses Jahr der Anblick gewandelt.

Ob sich nächstes Jahr Amsel und Drossel bequemen,
diese blauen Lumpen für ihre Nester zu nehmen?
Dann wären sie in den Kreislauf voll integriert.
Wollen hoffen, dass dieses nicht passiert.

Corona und kein Ende

Corona hier, Corona dort,
Corona ist das neue Wort.
Doch leider ist es auch die Pest,
die uns nicht frei mehr leben lässt.

Von wegen in die Arbeit gehen,
in Krippen nach den Kindern sehen,
in Schulen lernen, Partys feiern.
Der Lockdown liegt auf allem bleiern.

Konzerte? – Kann man jetzt vergessen.
Theater? – Geschlossen. Selbst zum Essen
kann man nur noch in kleinen Gruppen.
Selbst die sich manchmal als zu groß entpuppen.

Unter den Kinos und Theatern
                    beginnt ein langsames Sterben.
Corona hinterlässt überall tiefe Kerben.
Doch noch immer sagen viele zur Maskenpflicht
verbockt und wütend: "Die trage ich nicht!"

Demonstrationen? – Nur mit Abstandsregeln.
Das funktioniert nicht gut aufgrund von Flegeln
und Verschwörungsaposteln, die gegen alles sind.
Man möchte meinen, Corona macht blind.

Nur weil man das Virus nicht sehen kann,
darf man nicht sagen: "Das geht mich nichts an."
Ignoranz hat noch niemals eine Gefahr besiegt.
Das wird auch der Leugner merken, sobald er es kriegt.

Multipler Lockdown

Mit meinen multiplen Persönlichkeiten
lässt sich der Lockdown ganz gut bestreiten.
Ich kann mich dadurch mit mir selbst unterhalten
und die Tage abwechslungsreich gestalten.

Eine von diesen rezitiert gern Gedichte,
eine andre studiert Verhaltensgeschichte.
Die nächste leidenschaftlich gerne singt,
was ihr leider nicht immer so gut gelingt.

Eine Ruhigere beschäftigt sich mit Malen,
ihr Talent reicht aber nur für das nach Zahlen.
Einer verhält sich wie der letzte Prolet,
was die Intellektuelle so gar nicht versteht.

Da fliegen dann durchaus auch mal die Fetzen
mit Verbalattacken, die sehr verletzen.
Wonach wir alle oft beleidigt schweigen,
um uns gegenseitig die kalte Schulter zu zeigen.

Doch spätestens nach zwei, drei Tagen
können wir diesen Zustand nicht mehr ertragen.
Dann setzen wir uns alle um den Küchentisch
und öffnen eine Büchse Dosenfisch.

Leider haben wir keine, die im Kochen versiert.
Die geschloss'ne Gastronomie, also das spürt
man bei uns hier im Lockdown wirklich fies.
Da geht es uns doch wie allen anderen mies.

An die Vernunft appelliert

Hochzeit ist möglichst nur einmal im Leben,
drum muss es zu diesem Feste nur das Beste geben.
Die Familie ist groß, man zählt weit über Hundert
und mit den Freunden zusammen
ist doch keiner verwundert,
wenn die Feier über zweihundert Teilnehmer hat.
So findet nun mal eine anständige Hochzeit statt.

Der Tarzan und der Aladin
kamen auch zur Party hin,
haben sich in die Liste brav eingetragen.
Da muss man später nicht mühsam fragen,
falls doch ein Infizierter anwesend war.
Man ruft schnell alle an, das ist einfach und klar.

08/15-007-110 ist die Nummer.
In der Leitung brummt nur ein dumpfer Summer.
Es hebt niemand ab in Ali Babas Wunderhöhle.
Auf den Straßen hört man das übliche Gegröle.
Hundertfünfzig lässt man testen. Die andren entwischen.
Die können sich weiter unter die Bevölkerung mischen.

Es sind ja auch nur siebzig Prozent positiv.
Von denen kommen acht bald auf die Intensiv.
Selbst wenn Oma und Opa an Corona nun sterben,
sie waren wenigstens da, um der Zeugung des Erben
in der Hochzeitsnacht vor der Tür beizuwohnen.
Man feierte drei Tage, denn es musste sich lohnen.

Schlimm genug, dass nun Bräutigam und Braut
wegen Risikogebiet ist die Hochzeitsreise versaut.
Vielleicht erkrankt auch das Brautpaar,
                        denn Corona trifft jeden.
Wird man wieder gesund,
                    hat man vielleicht andere Schäden.
Aber Hauptsache, man hatte eine riesige Feier.
Wer sich so was nicht traut, der hat halt keine Eier.

Fazit vom 12. April 2020

Was lässt sich nach den ersten 75 Tagen
über Corona in Deutschland sagen?
Mal abgesehen von den Infizierten
und denen, die elend daran krepierten?
Und ungeachtet der finanziell Ruinierten,
die den Shutdown im Geldbeutel eklatant spürten?
Und wenn wir auch mal alle beiseitelassen,
die sich ununterbrochen mit der Bekämpfung
                                    des Virus befassen.
Ganz zu schweigen von jenen, diesem tapferen Haufen,
die unser Leben noch immer halten am Laufen.

Also wenn wir den Blick auf alle anderen richten,
was lässt sich da über Corona berichten?
Corona macht einsam, denn man darf sich nicht treffen.
Es macht aggressiv, weil sich die Kasernierten ankläffen.
Corona macht dick vor lauter kochen und essen.
Corona macht dumm, weil völlig pflichtvergessen
das Volk noch viel mehr in die Glotze stiert.
Corona macht hässlich, weil man sich nicht mehr geniert,
wenn die Haare immer grauer und länger werden,
weil die Friseure zu sind und Schluss ist mit Färben.

Doch dann gibt es noch diese andere Seite,
die jenseits von so mancher Firmenpleite
neue Ideen und Kreativität gebiert,
was zu mehr Miteinander und gegenseitiger Hilfe führt.
Corona macht geduldig und auch bescheiden.
Corona hilft den Menschen, sich mal zu entscheiden,
was ihnen im Leben wirklich wichtig ist.
Deshalb entrümpeln auch so viele ihren ganzen Mist.
Corona bringt vielleicht keine bessere Welt,
aber viele haben sich diese wenigstens mal vorgestellt.

Solange die Unvernunft regiert

Conny und Ronny, zwei harmlose Viren,
waren ein harmonisches Liebespaar.
Sie lebten friedlich auf possierlichen Tieren
und hatten eine riesige Kinderschar.

So hätte es ewig weitergehen können,
hätten sie nicht diesen Flegel bekommen.
Von ihm, dem Covid, mussten sie sich trennen.
Der Abschied machte die Eltern beklommen.

Denn Covid, der 19. von ihren Söhnen,
war ein Rüpel, ein Rowdy in der Pubertät.
Er hielt nichts von kooperativem Benehmen.
Jeder Erziehungsversuch kam bei ihm zu spät.

Die Eltern hatten ihm immer gepredigt:
Man muss sich mit seinem Wirt arrangieren.
Doch Covid hat einen nach dem andern erledigt.
Es gab schließlich reichlich zum Infizieren.

Auch seine Schwester, Corona, die Kleine,
hat es zuhause nicht mehr ausgehalten.
Und so begann sie mit Covid im Vereine
ihre überschüssige Energie zu entfalten.

Den Eltern Conny und Ronny war alsbald klar,
dass sie es mit dem Vermehren hatten arg übertrieben.
Und sie lamentierten: "Ach, wäre unsre Kinderschar
mal besser etwas kleiner geblieben."

Man sieht doch, wohin das führt und wie das geht,
es wird schwierig, den Abstand einzuhalten.
Und so ein *Pubertierling* wie Covid nicht versteht,
dass es schlauer wäre, sich zurückzuhalten.

"Was nun?" fragt Conny. "Sollen wir besser verhüten?
Eigentlich reicht es doch mit den vielen Kindern.
Nur Covid, der wird weiterhin missraten wüten.
Seinen Amoklauf müssen die neuen Wirte verhindern."

Da kreischt Ronny: "Spinnst du? Ich will noch nicht stoppen!
Verhüten, das ist, als wolltest du mich kastrieren."
Und Conny erwidert: "Wieso?
                    Wir können doch weiter poppen."
Dann ließ sie sich heimlich sterilisieren.

Und Covid und Corona sind bei den Menschen geblieben.
Sie machten weiter, bis ihnen die Puste ausging.
Dann hat 's ein anderes Viruspaar zu wild getrieben,
wonach die ganze Scheiße von vorne wieder anfing.

Schwarzmarkt 2020

Die Währung nach dem Krieg, das waren Zigaretten,
denn woran Mangel besteht
                    und was die Leute gerne hätten,
das wird zum Zahlungsmittel auf dem Schwarzen Markt.
Dort stehen die LKWs mit begehrter Ware geparkt.

Zigaretten konnte man gut verstecken
und Schmuggler daher nicht so leicht entdecken,
sofern sie es mit den Mengen nicht übertrieben.
Der Polizei ist selten einer im Netz geblieben.

Profischmuggler haben sich aber ganze Stangen
Zigaretten im Trenchcoat ins Futter gehangen.
Allerdings waren diese kostbaren Güter
auch äußerst begehrt beim Ordnungshüter.

Nun hat sich die Welt wegen Corona gewandelt,
so dass man nicht mehr mit Zigaretten schwarz handelt.
Die begehrte Ware der Stunde ist Klopapier.
Unterm Trenchcoat ist das etwas schwieriger hier.

Da hängen dann maximal einzelne Rollen,
womöglich auch nicht einmal nur die vollen.
Wenn es eng wird am Markt, verkauft man Blatt für Blatt
und nur an den, der genügend Kohle hat.

Von wegen weltweite Feuerpause

Man sollte die UNO in United Naives Organization
umbenennen,
aus dem Grund, weil sie die Welt noch immer nicht kennen.

Da wütet Corona seit Monaten schon
und die UNO träumt von einer globalen Nation,
die, um dieses Virus effektiv zu bekämpfen,
sich würde in ihren Kriegshandlungen eine Weile dämpfen.

Seit Wochen wurde an einem Text gefeilt,
ohne dass es ein einziges Mitgliedsland peilt,
welch unsinniges Pamphlet man zusammenstellt.
Als ob es Frieden gäbe auf dieser Welt ...

Und dann weigern sich die USA, dies zu unterschreiben.
Warum wohl? – Weil sie Kriegswaffen vertreiben.

Man stelle sich mal vor, für einige Wochen
wäre weltweit der Frieden ausgebrochen.
Man träume weiter, das würde wirklich funktionieren.
Wie sehr würden sich die Menschen
vor sich selbst blamieren.

Ohne Krieg keine Waffen, ohne Waffen kein Gewinn.
Eine Welt im Frieden, wo kämen wir denn da hin?

Wegen der paar Toten, die Corona fordert ...
im Vergleich zu den Waffen, die in dieser Zeit geordert ...
Die Wirtschaft ist doch jetzt schon am Boden zerstört.
Noch mehr Handelsverzicht, also nein, das gehört
sich keinesfalls. Man muss doch Leben retten –
und weil die Waffenproduzenten
                        sonst nichts zu fressen hätten.

Könnte Corona die Welt in den Waffenstillstand treiben,
dann könnte die Menschheit doch allgemein
                        friedlich bleiben.

Maske auf!

(Melodie "Be Our Guest")

Maske auf! Maske um!
Tragt die Maske im Gesicht!
So ein kleines Stückchen Stoff,
das fällt doch gar nicht ins Gewicht.
Es ist modisch und es schützt,
was der Allgemeinheit nützt.
Die Verschwörungstheorien,
die geschrien und gespien,
das sind Lügen von Idioten.
Die gehören doch verboten!
All das Gegendemonstrieren macht mich krank.

Los, Leute, checkt die Fakten.
Nicht so viel kontakten!
Kein Gezank!
Das macht krank.
Holt die Maske aus dem Schrank!

Maske auf! Maske auf!
Nur so stoppt man den Verlauf.
Ist doch Wahnsinn, dass sich Gegner
ständig drüber regen auf.
Doch Geschrei und Gebrüll,
sag' ich, das nützt auch nicht viel.
Was läuft nur bei euch verkehrt,
dass ihr euch so dagegen wehrt?
"Keine Luft!" – "Viel zu heiß!"
Lasst euer Jammern, diesen Scheiß!
Denkt lieber nach, was bei der Pandemie passiert!

Nach Haus euch schnell verzupfen.
Das ist doch kein Schnupfen.
Meidet Keime,
bleibt alleine
und passt auf, dass ihr die Maske nicht verliert!

Maske um! Maske auf!
Regt euch doch nicht künstlich auf!
Das ist kontraproduktiv und führt
zu schlimmerem Verlauf.
Alle unsre Virologen
haben euch noch nie belogen.
Täglich checken sie die Fakten
und vergleichen ihre Akten,
um sich selbst zu korrigieren
und euch frisch zu informieren.

Fall für Fall, Test für Test,
die Zahlen sind doch bombenfest.
Die Verschwörungstheorien sind nur
sinnloser Protest.
Seid nicht so angepisst.
Es ist halt wie es ist.
Die Maske sollt ihr tragen
und zwar ohne Klagen,
denn das nützt
und es schützt.
Deshalb Maske auf,
sonst gibt es Hausarrest!

Atemwegserkrankung

Ein Nasenloch ist viel zu klein
für den Sauerstoff, der in den Körper hinein
gesaugt werden muss, um zu überleben.
Aus diesem Grund wird 's wohl auch zwei davon geben.

Ist aber eines der beiden verstopft,
weil aus diesem lästiger Schnupfen tropft,
dann kommt es schon mal zu Atemnot,
bei der nachts unter Umständen Panik droht.

Man schnauft durch den Mund, der Hals trocknet aus.
Die Erreger breiten sich überall hin aus.
Das Kratzen im Hals wird Bronchial-Katarrh.
Im Fieberwahn ist kaum noch was wahrnehmbar.

Dabei ist das doch nur ein grippaler Infekt,
der hier in den Atmungsorganen steckt.
Wenn man obendrein jetzt noch Corona hätte,
käme man wohl nie mehr hoch von dieser Lagerstätte.

Dann wird man geholt und in die Klinik verfrachtet.
Ohne Sauerstoff ist man schon bald umnachtet.
Dann hilft nur noch schweres Atemgerät
und ein starkes Team, das einen im Bett herumdreht.

Zuhause bleiben und Abstand halten,
so sollten wir gerade unser Leben gestalten.
Wenn die Krankheitserreger keine Opfer mehr finden,
dann werden sie irgendwann vielleicht doch verschwinden.

Ungeahnte Spätfolgen

Santa Claus, der Geschenkezusteller,
steht wieder mal vor dem Plätzchenteller.
Ein Glas Milch und Kekse, das ist seine Nahrung,
doch plötzlich hat er eine Offenbarung.
Er erkennt, dass er die falschen Kinder beschenkt.
Die wichtigste Überlegung hat er stets verdrängt.

Der Süßkram lässt ihn immer dicker werden.
Von seinen Rentieren hört er deswegen Beschwerden.
Und auf einmal darf er nur noch leichte Geschenke bringen.
Wie soll da eine schöne Bescherung gelingen?
Und überhaupt, was soll der Quatsch mit der Milch?
Das ist kein Getränk für 'nen Mann,
                    sondern für einen Knilch.

Also ändert Santa Claus seine Geschenkeroute.
Ihm ist voller Vorfreude schon ganz gespannt zumute.
Seinen Rentierschlitten will er zum Hofbräuhaus lenken.
Denn was gibt es Besseres,
                  als einen Gastwirt zu beschenken?
Der wird es ihm mit Braten, Beilagen und Rotwein lohnen.
Auf dem Weg erscheinen Santa die schönsten Visionen.

Doch als er dann vor der Gaststätte steht,
in der es normalerweise recht hoch hergeht,
da sieht er ein Schild: "Wegen Corona geschlossen."
Santa Claus hat aus Frust ein paar Tränen vergossen.
Nun müsste er doch zurück zu Milch und Plätzchen.
Was soll 's? Er hat Hunger. Da gibt 's keine Mätzchen.

Das nächste Unglück aber wartet dort.
Er kommt nirgends rein, nicht an einem einzigen Ort.
"Wir haben Lockdown, Santa, hast du das nicht geschnallt?
Zusammenkünfte sind beschränkt
    auf einen weiteren Haushalt.
Wir wollten unsre Oma noch einmal sehen.
Jetzt sind wir komplett. Du musst leider gehen."
Also hat es dieses Jahr weder Milch
    noch Plätzchen gegeben.
Santa Claus muss sich mit vollem Schlitten
    in die Lüfte erheben.
Er fliegt zum Nordpol zurück, lässt die Rentiere frei.
Für dieses Jahr ist es mit der Weihnacht vorbei.
Frustriert und einsam im Lockdown
    er in der Hütte rumlungert.
Ist doch schrecklich, dass er nun an Corona verhungert.

Nicht mal die Rentiere könnte er sich noch braten.
Die sind auf ihrer Flucht auf dünnes Eis geraten.
Ein paar brachen ein und sind im Polarmeer ersoffen.
Da kam ein Eisbär zur Rettung. Der Ausgang ist offen.
Liebe Kinder, selbst wenn man nächstes Jahr
    Corona besiegt,
könnte sein, dass ihr dennoch nichts zu Weihnachten kriegt.

Impfstoff her!
(Melodie "Jingle Bells")

Was war das für ein Jahr?!
Wer hätte das gedacht?
Es war unvorhersehbar,
was Corona mit uns macht.
Das Land ist im Lockdown.
Man darf sich nicht mehr seh'n.
Nur noch in die Röhre schau'n,
das reicht nicht fürs Wohlergeh'n.

Impfstoff her!
Impfstoff her!
Impfen, aber schnell!
Corona weg,
wir hab'n genug.
Uns reicht's jetzt offiziell!
Hey!
Impfstoff her!
Impfstoff her!
Impfen, aber schnell!
Schafft das Virus ab,
wir benehmen uns
jetzt endlich professionell.

Die Gefahr lauert überall

Es sprach die Mutter Küchenschabe:
"Liebe Kinder, leider habe
ich eine schlechte Nachricht: Wir haben Lockdown.
Mehr als fünf dürfen nicht gleichzeitig
                              nach Nahrung schau'n.
Die Menschen nehmen es damit sehr genau."

Da sprach der Vater: "Meine liebe Frau,
dir ist doch absolut entgangen:
In der Nachbarwohnung gestern noch sprangen
über dreißig Leute, die haben getanzt
und manch Kerl hat sich an manche *Kerlin* gewanzt.
Da war nichts zu sehen von Abstandhalten.
Im Gegenteil, all diese Menschengestalten,
die haben nicht mal einen Mundschutz getragen."

Sagt die Schabin: "Meine Kinder soll'n sich
                              korrekt betragen.
Was glaubst du, lieber Gatte, wohin uns das führt,
wenn sich jeder so egoistisch aufführt?
Ist mir egal, was die Menschen untereinander so treiben.
Meine Kinder sollen Pandemie-geschützt bleiben.
Und deshalb gelten bei uns die Hygienevorschriften,
ganz egal, wie sehr sich unsre Sprösslinge giften."

Doch während die Mutter mit dem Gatten noch zankte,
von den Kindern eins nach dem andern erkrankte.
Die waren nämlich alle auf der Party versammelt.
Wär' doch schade, wenn dort das Essen vergammelt.
Und da haben sich die Schabenkinder angesteckt.
Nicht lange, dann sind sie alle verreckt.

Der Schabenmann aber spricht:
                    "Schatz, wir müssen uns beugen.
Komm, lass uns eine neue Schabengeneration zeugen.
Das Leben muss auch im Lockdown weitergehen."
Und dann hat man die beiden in die Kiste springen gesehen.

Drei Monate Lockdown

Dieses Scheiß-Corona bestimmt mein Leben.
Seit Wochen hat es praktisch nichts andres gegeben.
Ich beginne den Tag mit den Zahlen von gestern,
den geschätzten und den gezählten von den Testern.
Stets hoffe ich, dass die Trends sich nach unten drehten.
Angesichts all der Toten schaue ich dann betreten.

Von Tag zu Tag komme ich mehr aus dem Trott.
Ich bin voll entschleunigt. Andre sind bald bankrott.
Mein Lieblingscafé ist noch immer geschlossen.
Ist der Besitzer schon pleite? Ich bin verdrossen.
Seit Monaten habe ich ihn nicht mehr gesehen.
Was macht er zurzeit? Wie mag es ihm gehen?

Die Wohnung verlasse ich zum Einkaufen nur
oder zum Spazieren laufen in einsamer Spur.
Statt Bergwandern steige ich im Haus jetzt die Stufen.
Zum Gesichtsmasken nähen bin ich nicht berufen.
Ich verbringe meine Zeit in der häuslichen Zelle.
Ich will mein Leben zurück! Keine nächste Welle.

Das aerosolfreie Alphabet
(inspiriert von Michael Zametzer – Glosse "Ende der Welt")

Da harte Konsonanten wahre Virenschleudern sind,
lernt nun im Lockdown zuhause jedes Kind,
auf diese zu verzichten. Die Corona-Sprachreform
bringt uns in drei Wellen nach vorne enorm.

Die übelsten Konsonanten sind "b" und "p".
Auf diese folgen dann "d" und "t".
Auch das "k" schleudert besonders viele Aerosole
aus dem Rachen. Ab sofort gilt diese Parole:

Hütet euch vor diesen Konsonanten:
"b", "p", "d", "t" und "k" werden nun zu Verbannten.
"b" und "p" werden als erstes eliminiert.
Itte haltet euch dran und seid nicht ikiert.

Emüht euch, diese Uchstaben nicht mehr zu enutzen.
Es gilt, das Alfaet von diesem Allast zu utzen.
Im nächsten Schritt werden "d" und "t" weggelassen.
Ie rauch es nich. Ohne ie wir man nichs verassen.

Manchmal wir sowieso uneulich geschrochen.
Üer Weihnach war ie Schrachreform kurz unerrochen.
Anach aer ging es mi em "k" flo weier.
Im Lo-aun eliminier man ie Virenverreier.

Es is erschaunlich, wie viel man ennoch verseh,
owohl man eim Schrechen verschrüh aum noch Sere.
Roier es och sels mal aus mi en Inern.
Ihr were meren, ami ann man en Orona-Frus minern.

Mal kurz innehalten

Corona hat uns nicht nur erschreckt.
Es hat auch zahlreiche Missstände aufgedeckt.
Wir haben tatsächlich endlich mal erkannt,
welche Berufe wirklich systemrelevant.

Obendrein erfuhren wir nebenbei,
wie mies die bezahlt sind und welch Schweinerei
bei Menschen im Schichtdienst ist völlig normal.
In Schichten zu schlafen ist alleine schon Qual.

Aber dies auch noch in mehrfach genutzten Betten
und in bis zum Anschlag belegten Lagerstätten.
Denkt man an Billigfleisch, ist einem da doch zum Kotzen.
Statt über Kosten sollten wir über die Zustände motzen.

Haben wir das alles wirklich nicht gewusst
oder hatten wir – ganz ehrlich – dazu keine Lust,
uns mal für die bitt're Wahrheit zu interessieren.
Was gewinnt man, wenn wir am anderen Ende verlieren?

Braucht es Ischgl und jedes Jahr Ballermann?
Wie steht es mit unsrem Klamottenwahn?
Wir verschrieben uns der Geiz-ist-geil-Mentalität.
Sind wir noch zu retten oder ist es schon zu spät?

Und noch irrsinniger ist es, wenn wir mal vergleichen,
welche Infektionszahlen andere Länder erreichen,
nämlich die, wo sich der Häuptling blöd und korrupt
in der Krise als verantwortungslos entpuppt.

Der eine will den Regenwald nebenbei abholzen.
Der andere blökt unentwegt von diesem stolzen
"America first!" und "Es war'n die Chinesen!"
und macht Wahlkampf nebenbei auf Regierungsspesen.

Nach drei, vier Monaten liegen die Nerven blank.
Unser Leben war doch schon vor Corona krank.
Die Menschheit müsste von so vielem genesen.
Wenn wir die Kurve nicht kriegen,
                        ist 's das mit uns bald gewesen.

Doch Halt! Lasst uns die Optimisten nicht vergessen.
Nicht alle sind voller Frust und angefressen.
Da wird geforscht, getüftelt und experimentiert,
in der Hoffnung, dass der Mensch
                        diese Schlacht nicht verliert.

Ein jeder hat es nun in der Hand,
ob er resigniert und ihn die Depression übermannt,
oder ob er voller Hoffnung und Zuversicht
"Es gibt viel zu tun! Lasst uns beginnen!" spricht.

Die Wahrheit, die Schreihälse
und das Flüstern

Während die einen um ihr Leben kämpfen,
versuchen andere, die Wahrheit zu dämpfen.

Da sagt einer, ohne sich lange zu winden:
"Dieses Virus wird sowieso bald verschwinden."

Ein anderer meint: "Zu viele Informationen
verunsichern nur. Lasst das Volk uns davor schonen."

Ein dritter erklärt: "Das ist doch alles Hysterie.
Ein gefährliches Virus gab es noch nie."

Das Volk schreit: "Wir lassen uns die Freiheit nicht nehmen.
Wer zu Masken uns zwingen will, sollte sich schämen!"

Und im Hintergrund ist eine leise Stimme zu hören:
"Hört nicht auf die Idioten,
                    sonst wird uns das Virus zerstören."

Selbstkritisches Verhalten

Ihr lieben Leute, wer hätte das gedacht,
die zweite Welle ist hausgemacht.
Wir sind kein Volk von Stubenhockern.
Deshalb sind wir nach dem ersten Lockern
der Beschränkungen wieder nach draußen gegangen.
Viele haben sich das Virus da eingefangen.

Wir fuhren in Urlaub und haben vermessen
die Gefährlichkeit des Erregers vergessen.
Es fühlte sich alles so lässig an.
Da dachte von uns doch keiner daran,
sich zu schützen und auf mehr Abstand zu achten,
wenn wir feiernd die Nächte zusammen verbrachten.

Und weil nun die Infektionszahlen wieder steigen,
bevorzugen wir, über die Gründe zu schweigen.
Es klingt doch viel besser, es auf die Welle zu schieben.
Dann ist uns nämlich nichts andres übriggeblieben.
Dann haben wir auch nichts falsch gemacht.
Über diesen klugen Einfall haben wir gemeinsam gelacht.

Ansteckende Begeisterung

Conny, Ronny und ihre Kinder
lieben diesen amerikanischen Pandemieüberwinder,
diesen Mann an der Spitze, der alles lenkt
und dem Volk die beste Versorgung schenkt.

Wie er finden sie Gesichtsmasken arg übertrieben,
weil sich dadurch die Umgangsformen verschieben.
Die Menschen halten Abstand, gehen auf Distanz.
Das führt zu einer miesen Kontaktbilanz.

Also fährt die ganze Familie von Conny –
Eltern, Kinder, Onkel, Tanten von ihr und Ronny –
eine hundertköpfige Armada
zur Wahlveranstaltung nach Nevada.

Dort wird sich's gleich unters Volk gemischt.
Der kleine Covid ist wieder mal entwischt.
Er rennt planlos inmitten der Menge herum.
Die Veranstaltung hat ein großes Publikum.

Die ganze Familie sucht bald nach ihm.
Auch er will zu den Eltern zurück, wie es schien.
Doch der kleine Covid, dieses unruhige Kind,
ist nicht nur kurzsichtig, es ist fast blind.

Es muss also jedem Menschen unvoreingenommen
zu Erkennungszwecken sehr nah nun kommen.
Und je nachdem wie diese dann reagieren,
wird Covid sie als "ich mag dich nicht" markieren.

Selbstverständlich gäbe es noch diese List:
ein Aufruf "Der kleine Covid wird vermisst".
Doch die Eltern wollen hier keinesfalls stören,
weil die Menschen so gebannt dem Redner zuhören.

Sie wollen sich noch mit Fanartikeln eindecken.
Irgendwo dort wird Covid sicher auch stecken.
Man findet sich tatsächlich inmitten von allem Trubel.
Mit der Menge stimmt man ein in lautstarken Jubel.

Diese Wahlveranstaltung war ein voller Erfolg.
"Four more years!" ruft begeistert das Volk.
"Da sind wir dafür", ruft auch Familie Corona.
Dann zieht sie weiter nach Arizona.

Beschissene Lage

Es ist Notstand im Land,
das Klopapier,
so hat man erkannt,
fehlt überall hier.

Man kann dies Papier
nicht zweimal benutzen,
um sich damit hier
den Arsch auszuputzen.

Bei aller Gefahr,
die uns gerade bedroht,
herrscht doch fürwahr
am Klo die größte Not.

Mit dieser Hamsterei
man obendrein beweise,
bis das Virus endlich vorbei,
sitzen wir echt in der Scheiße.

Pandemie-Management

Wir wollen aus dem Lockdown raus!
Nicht im Kreis herum, sondern geradeaus.
Wir wollen eine sinnvolle Politik –
ja, da übe ich nun vehement Kritik –
die nicht ständig immer nur etwas verspricht
und dann doch wieder jedes Versprechen bricht.

Wo waren die Masken gleich zu Beginn?
Welcher Vollpfosten war da Berater*in,
als es hieß, die würden ja doch nichts bringen
beim Viren-Infektionsstopp-Gelingen?

Danach hat man lange herumgeblödelt
und im Sommer wertvolle Zeit vertrödelt.
Wurden Schulen in der Zeit etwa nachgerüstet?
Hier hat sich doch fast jeder nur mit "man sollte" gebrüstet.
Sind Gesundheitsämter inzwischen digital vernetzt?
Gemach, gemach, hier wird nicht gehetzt.

Man wartet immer erst, ob man auch wirklich steht,
bevor man den nächsten Schritt plant,
                        statt ihn endlich geht.
Dass man zwischenzeitlich die Straße planiert ...
Fehlanzeige, da ist nichts passiert.

Im Herbst kam ein Lockdown, zunächst mal nur "light",
ein Blödsinn, der wirklich zum Himmel schreit.
Als ob ein bisschen schnäuzen die Nase frei macht.
Das Virus hat sich ins Fäustchen gelacht.
Es ist auch klammheimlich heftig mutiert.
Bei uns ist außer Lockdown kaum was passiert.

Hier in Deutschland regiert in der Pandemie
weiter das Kleinklein der föderalen Egomanie.
Man erkennt, wir sind als Volk nicht vereint.
In jedem Bundesland wird "wir sind besser" gemeint.

Wie kommt man an einen Impftermin?
Endlich machen Endlos-Warteschleifen Sinn.
Ist Impfstoff noch übrig, weil ihn manche nicht wollen,
bleibt der Rest im Kühlschrank. Die Minister schmollen.
Wieso habt ihr euch Impfmobile nicht geliehen?
Wann wollt ihr die Arztpraxen endlich einbeziehen?

Wieso sorgtet ihr nicht für die nötigen Infrastrukturen,
bevor wir von geplanten Gratis-Schnelltests erfuhren?
Deutschland war doch mal Organisationsweltmeister.
Die Regierung aber bewegt sich zäh wie Kleister.

Bitte öffnet überall alles mit Hygienekonzept.
Sorgt dafür, dass man nirgends eine Impfung verschleppt.
Notfalls muss man sie halt
                              einfach nur dem Nächsten geben.
Lasst die Menschen im Freien bitte wieder leben.
Und macht vor allem endlich einen sinnvollen Plan,
den man kapiert und an den man sich halten kann.

Manch ein Minister grinst wie ein Schlumpf
aus dem Corona-Lockdown-und-Lockerungs-Sumpf.
Zwei Schritte vor und zwei Schritte zurück,
das ist der Bevölkerung Maßnahmen-Glück.

Weihnachtszeit 2020

Liebe Kinder, die Weihnacht fällt dieses Jahr aus.
In Quarantäne befindet sich der Nikolaus.
Auch Knecht Ruprecht,
        der euch immer so schön erschreckt,
hat sich mit Corona angesteckt.

Da hat das Christkind, das im Himmel
        das ganze Jahr gammelt,
die Pforten zur Erde hinunter verrammelt.
Es sitzt in der Krippe und lässt sich mit Glühwein volllaufen,
denn den kann zurzeit sowieso keiner verkaufen.

Bleibt noch Santa Claus mit seinen Rentieren,
die am Nordpol sitzen und sich den Arsch abfrieren.
Doch die Eisschicht ist inzwischen so dünn,
da sieht Santa im Losfahren keinen Sinn.

Auf die Heiligen Drei Könige braucht man
        auch nicht zu bauen,
dass die im Januar vorbei bei uns schauen.
Die Grenzen sind aufgrund des Lockdowns
        noch länger dicht.
Man kann also sagen: Sie schaffen es nicht.

Daher bleibt nichts andres übrig, als sich zu bescheiden
und jeglichen unnötigen Kontakt zu vermeiden.
Zuhause wird es endlich friedliche Feiertage geben,
weil die nörgelnden Verwandten daheim festkleben.

Ihr Viren, verschwindet

(Melodie "Ihr Kinderlein kommet")

Ihr Viren, verschwindet, verschwindet doch all.
Corona, verdufte, und zwar überall!
Und sieh, was du uns dieses Jahr angetan.
Manch Bürger verlor sich im Querdenker-Wahn.

Corona, du fieses, du mieses Gezücht.
Wer hat dich geschickt nur? Wir wollen dich nicht.
Die redlichen Menschen der Impfstofffabrik,
die erklärten dir alle höchst einig den Krieg.

Da liegt er, der Impfstoff, so wirksam und kalt.
Sobald er verteilt ist, spürst du unsre Gewalt.
Dann kannst du nur wüten höchst minimiert
unter all den Ungeimpften, die dich ignoriert.

Oh, beug dich, Corona, vor unserer Macht.
Bald haben wir dir wohl den Garaus gemacht.
Du hast viel zu viele ins Jenseits geräumt,
doch der Traum von der Weltherrschaft
                                    ist bald ausgeträumt.

Xmas 2020

Liebes gutes DHL,
liefere die Geschenke schnell.

Und auch du, liebes UPS,
bring' die Päckchen mit Express.

Liebes, liebes DPD,
bitte nimm den größten LKW.

Liebes Hermes, sei so schlau,
umfahre doch der andren Stau.

Superblöder Corona-Lockdown,
von dir lassen wir uns das Fest nicht versau'n!

Ausgangssperre

Leere Straßen, leere Plätze,
alles frei, kein Grund zur Hetze.
Sagt mir, wo ist das Gedrängel,
durch welches ist mich gerne schlängel?
Keine Chance für Kontakt.
Die Stadt vor mir ist völlig nackt.

Während ich hier einsam sitze,
steht das Bild der Apokalypse.
Über mir eine Drohne fleucht,
die mich mit drohender Stimme verscheucht.
"Aufsteh'n! Bitte weitergehen!"
Niemand da, doch man kann mich sehen.

Die Menschen, die sich daheim verstecken,
ihre Köpfe hinter Gardinen recken.
Da unten ist einer, den muss man verjagen.
Schaut nur, jetzt geht es ihm an den Kragen.
Gleich ist er umzingelt, er wird abgeführt.
Für ein paar Minuten hat man Leben gespürt.

Kurz drauf ist überall wieder alles leer.
Auch hinter den Fenstern steht niemand mehr.
Ich sitze mit drei anderen in einer Zelle,
ein jeder von uns in seiner Parzelle.
Endlich mal sitzen und nicht mehr allein.
Ich kichere leise in mich hinein.

Corona-Gefängnis

Wahnsinn, was so ein winziges Virus schafft:
Die ganze Welt in Geiselhaft!
Wir hoffen, dass wenn wir uns brav verhalten,
wird der Geiselnehmer nicht ungehalten.

Ein Lösegeld wurde noch nicht gefordert.
Wir hatten zu Beginn viel Klopapier geordert.
Inzwischen sind Gesichtsmasken unser Begehr.
Doch uns zu benehmen fällt allmählich schwer.

Dabei wissen wir um die Lebensgefahr.
Wir sind uns auch des schrecklichen Leidens gewahr,
welches manche in Isolationshaft erdulden.
Bei anderen wachsen indes die Schulden.

Ein paar Unterhändler unermüdlich verhandeln.
Sie wollen die Haftbedingungen wandeln
in eine Lockerung, aus der wir uns winden.
Besser wäre es, sie würden einen Impfstoff finden.

Bis der da ist, werden wir weiter gefangen gehalten
in einem streng reglementierten Innehalten.
Ich fürchte mich vor der Gefangenenrevolution.
Die ersten Vorzeichen sieht man schon.

Langsamer Überdruss

Hallo, freut mich, dich zu sehen.
Wollen wir ein Stück spazieren gehen?
Ich fühle mich gerade etwas isoliert,
weil so wenig Spannendes passiert.

Alle reden nur noch von dieser einen Sache.
Ganz ehrlich, aus dem Thema ich mir gar nichts mache.
Mich ärgert nur, ach was, das hat mich richtig verdrossen,
dass fast alle Läden und die Cafés sind geschlossen.

Man kann auch nicht mehr einfach so einkaufen gehen.
Fast überall muss man in der Schlange anstehen.
Obendrein habe ich ständig Atemnot
durch dieses lästige Vermummungsgebot.

Meinen Hobbies kann ich zurzeit auch nicht frönen,
muss die Haare selbst mir waschen, schneiden und föhnen.
Meine Fußnägel wachsen schon zu langen Krallen.
Ich muss aufpassen, nicht über meine Füße zu fallen.

Was machen deine Kinder? Die sind sicher froh,
endlich endlos zu streamen und Video.
Seit Wochen keine Schule, keine lästigen Lehrer,
bequemes Abhängen daheim beim Ernährer.

Ach, tatsächlich? Die sind alle voll angepisst,
weil die Fernreise und die Kreuzfahrt ausgefallen ist?
Wisst ihr nicht, man macht dieses Jahr andere Pläne?
Man überlegt sich, in welchem Land
                                will man in Quarantäne.

So, jetzt muss ich aber weiter, hat mich sehr gefreut.
Ich muss noch was tun im Home Office heut.
Danke auch, dass du nicht über diese Sache gesprochen,
von der sonst alle reden derzeit ununterbrochen.

Ich kann 's nicht mehr hören, du weißt, was ich meine.
Das heißt ja nicht, dass ich die Gefahr verneine.
Aber ehrlich, sag selbst, dass einem die Lust vergeht,
wenn sich immer nur alles um das Eine dreht.

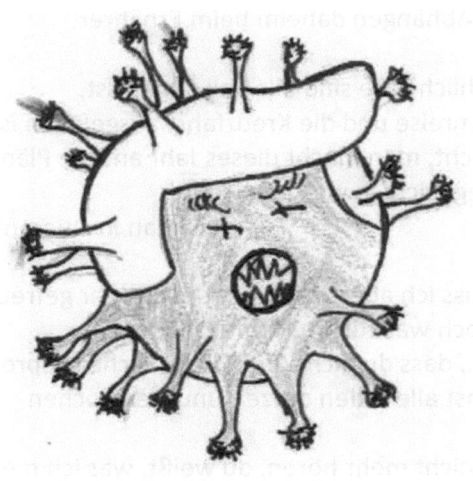

Die Verhältnismäßigkeit des Bösen

Corona und Trump, das sind die zwei Themen,
die den allergrößten Platz in 2020 einnehmen.
Im November kam endlich die erste Wende:
Mit Trumps Amtszeit ist es zum Glück zu Ende.

Wäre schön, wenn derlei auch mit Corona gelingt,
dass die Welt dieses Virus erfolgreich bezwingt.
Leider gibt es Verschwörer, die einen andren Weg wählen.
Auch hier viel zu vielen die richtigen Einstellungen fehlen.

Bei Corona gibt es, das muss ich euch verraten,
leider noch keinen sicheren Gegenkandidaten.
Die einzelnen Lager sind tief gespalten.
Jeder hofft, das wir bald alle einen Impfstoff erhalten.

Auch gibt es noch nicht,
                    wie man schweren Herzens erkennt,
ein schnell wirkendes und potentes Medikament.
Drum versucht die Fraktion mit den Hygiene-Regeln,
irgendwie durch diese Pandemie zu segeln.

Wenn, ja wenn nur nicht die Querdenker wären,
die durch ihr Verhalten den Erfolg ins Gegenteil kehren.
Und anders als bei Trump braucht es einen Erdrutschsieg,
denn gegen Corona befinden wir uns im Krieg.

Die Schlacht kann man nicht gewinnen

Seht nur, wer bei der Nasenschleimhaut
neugierig um die Ecke schaut!
Da will sich ein Virus vorbei am Rachen
hinunter auf den Weg in die Bronchien machen.
Es kitzelt bei den Mandeln von hinten die Zunge
und hopst fröhlich vergnügt hinab in die Lunge.

Dort beginnt es, sich hinter den Alveolen
heimlich einen runterzuholen,
denn ein Virus ist nämlich geschlechtsneutral
und vermehrt sich durch sich selbst gleich kolossal.
Welches wiederum den wachhabenden Makrophagen
gleich unangenehm schlägt voll auf den Magen.

Sie rufen "Alarm!" und zieh'n in die Schlacht.
Das Virus hat sich so was schon gedacht.
Drum hat es sich in den Epithelien versteckt,
die es mit seinen Virenexkrementen überall verdreckt.
Das Herz versucht nun, diese ekligen Klumpen
durch die Luft-Blut-Schranke abzupumpen.

Dadurch wird das Virus aber weiter verteilt.
Den Wirt, also den Mensch, nun übles Fieber ereilt.
Auch andre Organe geraten so aus dem Tritt
und kommen mit ihren Aufgaben nicht mehr mit.
Es braucht Hilfe von außen, um den Kampf zu gewinnen.
Der Kranke glüht bald überall innen.

Es tobt ein Kampf auf Leben und Tod.
Die Phagozyten erteilen dem Virus Hausverbot.
Durch Sauerstoffgabe wird die Lunge geputzt.
Auch diese Behandlung der Genesung nutzt.
Das Virus aber lässt sich nicht unterkriegen.
Es lässt sich ausatmen und kann so zum Nächsten fliegen.

Stigmatisiert

Ich war mit einem Infizierten in Kontakt.
Hat mich das Virus jetzt auch gepackt?
Ich hoffe, der Kelch geht an mir vorbei
und nehme mir sicherheitshalber frei.

Zum Virentest habe ich keinen Bock,
doch ich las neulich in einem Ärzteblog,
man könnte zum Super-Spreader werden,
sollte man sich so unsozial gebärden.

Nun, dann bringe ich die Lästigkeit hinter mich.
Der Test-Stab im Rachen ist wie ein übler Stich.
Meine Daten fülle ich brav sehr leserlich aus
und dann beginnt das Warten, was beim Test kommt raus.

Ich weiß noch, als als Kind ich mal Scharlach hatte.
Da lag ich ein paar Wochen malad auf der Matte.
In der Schule hat man alles desinfiziert
und ein weißes Kreuz auf meinen Platz geschmiert.

Eine Freundin durfte ihren Geburtstag nicht feiern.
Danach war unsre Freundschaft leider ziemlich bleiern.
Ich hätte ihr den Geburtstag verdorben,
war der Grund als sie sagte: "Du bist für mich gestorben!"

Aus dem Kinderzimmer wurde fast alles verbrannt,
sogar Sachen meiner Brüder, das war allerhand.
Ich hatte heimlich mir ihre Heftchen ausgeliehen.
Das hat gedauert, bis mein Bruder mir das hat verziehen.

Mein Umfeld hat mich damals nicht sehr nett behandelt.
Doch das hat dann mein Empfinden für Fairness gewandelt.
Wer getroffen wird vom Virus, der kann nichts dafür.
Alle andern, die das ärgert, sind das fiese Geschwür.

Nach drei Tagen habe ich vom Test mein Ergebnis.
Das wird für mich zu einem kleinen Freudenerlebnis.
Negativ – ich tat mich also nicht infizieren
und muss vor allem niemand andren informieren.

Drei entscheidende Wochen

In Wuhan wurde viel vertuscht
und beim Ausbruch des Virus daher verpfuscht,
dies sofort zu bekämpfen an breiter Front.
Ja, gleich am Anfang hätte man das noch gekonnt.

Die Behörden waren wie üblich borniert
und haben wieder mal nicht kapiert,
dass nicht das Ergebnis dem Wunsch
                              ist passend zu machen.
Man fürchtet noch immer den Pekinger Drachen.

Nach oben wird gebuckelt und gekuscht
und dem Parteikader am Hintern vorbeigehuscht.
Man hoffte wohl, dass wenn man das Virus ignoriert,
es seine Gefährlichkeit von alleine verliert.

Viel zu spät wurden Maßnahmen angewendet.
So wurde viel wertvolle Zeit verschwendet.
Auch wenn man sich das so nicht hat vorgestellt,
ausbaden muss das nun der Rest der Welt.

Doch zugegeben, woanders lief es nicht besser.
Dem Schi-Zirkus-Volk lief man auch ins Messer,
selbst im Karneval hat man nicht vorgebeugt
und manch unnötigen Hotspot dadurch erzeugt.

Geben wir 's zu, wir waren alle naiv,
so dass die Pandemie aus dem Ruder lief.
Leider wird sich das Virus nun nie wieder entfernen.
Wäre schön, wenn wir alle wenigstens was draus lernen.

Zum Hamstern zu langsam

Ich hätte gar nichts bunkern können,
denn bis endlich ich kapiert',
dass alle los zum Hamstern rennen,
war'n die Regale leer rasiert.

Nun ja, ich ess' nicht gerne Nudeln,
doch ich nutze Klopapier.
Noch ist kein Grund herum zu hudeln,
denn ich hab' noch drei Rollen hier.

In den Märkten die Regale
waren alle leer geräumt.
Ungewohnt – mit einem Male
habe ich einen Alp geträumt.

Dass ich auf der Schüssel sitze
und das Klopapier ist aus.
Im Schlaf ich Blut und Wasser schwitze.
Dies Traumerlebnis war ein Graus.

Also bin ich losgezogen
wochenlang mit Gier im Blick,
bin manchen Umweg abgebogen
und hatte erst nach einem Monat Glück.

Im Regal lag eine volle
Achter-Packung Klopapier.
Ich jubelte, war von der Rolle
und tanzte wie ein wilder Stier.

Am Heimweg hieß es: Abstand halten!
Denn nun war ich in Gefahr.
Im Überfall-Fall müsste ich schnell schalten.
Das war mir gleich sonnenklar.

Nie hätte ich in meinem Leben
mir solche Panik vorgestellt,
dass plötzlich alle nach Klopapier streben
und dessen Umsatz so nach oben schnellt.

Der Alptraum, der mich plagte,
der war echt unangenehm.
Dass ich mir manch Blatt versagte,
das war auch nicht immer schön.

In Bezug auf mein Einkaufsverhalten
habe ich ein reines Gewissen.
Ich vermute, die Hamster-Gestalten
hatten sich vor Angst gleich vollgeschissen.

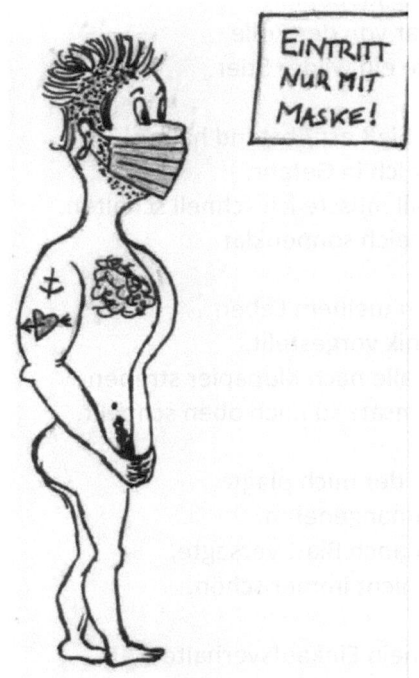

Klare Schutzmaßnahmen

Angeblich sollen Masken und Handschuhe reichen.
Weitere Vorsichtsmaßnahmen könne man streichen,
wenn man in diesen Corona-Zeiten
loszieht, den Einkauf zu bestreiten.
Zumindest steht das in sämtlichen Regeln zu lesen.
Und genau so bin ich im Supermarkt dann gewesen.

Doch kaum war ich im Laden, tat sich mir offenbaren,
dass alle anderen, die außer mir dort noch waren,
Schuhe an hatten und Hosen und Socken
und Pullover, sogar Jacken. Da bin ich erschrocken.
Gott, war das peinlich! Wie konnte ich das nur übersehen?
Ich muss das gleich noch mal lesen.
Das muss doch irgendwo stehen.

Wie im Kleinen so im Großen

Eine klitzekleine Kneipe,
die wochenlang geschlossen war,
hat ein Schild hinter der Scheibe:
"Geöffnet ohne Inventar".

Keine Tische, keine Stühle,
keine Theke, keine Bar.
An der Wand nur eine Spüle -
so ist Corona umsetzbar.

Wo sich vorher Gäste drängten,
jeder in der Hand ein Bier,
stehen hier nun die versprengten
Gesellschaftstrinker. Es sind vier.

Und es gilt die neue Regel:
Wir öffnen jetzt die Gastronomie.
Streng reglementiert ist dabei der Pegel,
denn wir bekämpfen weiter die Pandemie.

Leider muss die Kneipe schließen,
die Regeln sind für sie zu eng.
Die vier Gäste, die sich das Bier reingießen,
sind nicht genug im Vergleich zu früh'rem Gedräng'.

Als erstes trifft es stets die Kleinen.
Die Großen halten auf die Hand.
Bald hört man aber ein kollektives Weinen,
denn Corona ist ein Flächenbrand.

Man sieht es erst, wenn man es spürt

Bekämen Menschen, die an Corona leiden,
sofort grüne Pickel, sie wären nicht zu beneiden,
doch man könnte sie schneller identifizieren.
Man würde die Erkrankten von weitem erkennen
und könnte sie in Quarantäne gleich trennen.
Es würden sich viel weniger Leute infizieren.

Aber leider kann man das Virus nicht sehen.
Infizierte können lange noch zwischen uns gehen,
bevor man sie in Isolation wegsperrt.
Zu aller Sicherheit müssen wir Abstand halten.
Es gibt Regeln, die unser Verhalten gestalten.
Und es gibt Querulanten, von denen jeder dagegen plärrt.

Würden diese erkranken, das gäbe ein Jammern,
weil sie sich doch an ihr bisschen Leben klammern.
Sie würden schreien:
　　　　　　"Wieso habt ihr nicht schneller gehandelt?"
Sie würden winseln und weinen und erbärmlich leiden.
Doch man kann rückwirkend keine Infektion vermeiden.
Erst wenn 's zu spät ist, sich manch ein Ketzer wandelt.

Dagegen sein reicht nicht

Man zwingt uns, eine Maske zu tragen.
Es gibt Leute, die den Sinn hinterfragen.
Sie sagen: "Das bringt nichts!", womit sie dagegen hetzen.
Sie wollen, dass wir die Masken wieder absetzen.

Ich geb 's zu, die Dinger sind unbequem.
Doch ich frage mich, wo liegt das Problem,
das die Verschwörungsapostel so ablehnend macht?
Was ist der Grund, der sie so aufgebracht?

Es gibt Studien mit Filmen, da kann man sehen,
wie Aerosol sich verteilt. Das kann man wenden und drehen
wie man will. Es ist deutlich, dass die Maske was bringt,
selbst wenn ihr kein 100-Prozent-Schutz gelingt.

Was also wollen diese Volksverhetzer,
diese Wir-sind-schon-aus-Prinzip-dagegen-Schwätzer?
Was versprechen sie sich? Wieso wird so gehasst?
Da ist doch mehr als der Unwille,
                              weil einem was nicht passt.

Haben die einen Plan und wie sieht der aus?
Dies anarchische Denken ist mir ein Graus.
So lange aber diese Anti-Gestalten
keine Lösung haben, sollen sie doch bitte die Fresse halten!

Regine und die Dachlawine

Beim Spaziergang wurd' Regine
getroffen von 'ner Dachlawine.
Sie hatte Glück, das war nur Schnee,
und dennoch fand sie 's nicht okay.

Kein Balken lehnte an der Wand
zur Warnung. Das war allerhand!
Der nasse Schnee in ihrem Kragen
erfüllte sie mit Unbehagen.

Gewiss würd' sie sich nun erkälten.
Sie brauchte jemand, den sie schelten
und verantwortlich machen konnte dafür.
Deshalb stand sie nun unschlüssig vor der Tür.

Sie wollte, dass die Schuldigen das bereuten.
Etwas zögerlich überlegte sie, bei wem sie nun läuten
müsste. Der Hausmeister war ihr Ziel.
Die richtige Klingel zu finden war diffizil.

Nachdenklich begann Regine nun herum zu stapfen.
Da löste sich am Dach ein eisiger Zapfen.
Er wurde von der nächsten Lawine mitgerissen.
Regine wurde von dieser umgeschmissen.

Nun endlich kam mit infektiösem Schnaufen
der Hausmeister endlich angelaufen.
Er war in Quarantäne und hatte im Bett gelegen.
Keine Lawinenwarnschilder gab es deswegen.

Doch nun gab er alles, um Regine zu retten.
Als erstes musste er sie ausgraben
und auf die Seite betten.
Sie atmete nicht mehr, drum gab er Mund zu Mund.
Das war in diesem Fall natürlich auch nicht gesund.

Zwar hat Regine wieder zu atmen angefangen,
doch sie hat sich eine fette Infektion eingefangen.
Der Eiszapfen hätte sie beinahe gepfählt,
ganz knapp hat er sie letztlich aber verfehlt.

Dieses Glück konnte Regine zunächst kaum fassen.
Zwei Wochen später musste sie an Corona erblassen.
Hätte sie sich nicht über die Lawine beschweren wollen,
könnte sie noch heute im Schnee herum tollen.

Masken sind gefährlich

Der Wind riss mir die Maske aus der Hand,
die sich eben noch vor Mund und Nase befand.
Ich stieg aus dem Zug, wollt' mich von ihr befreien.
Eine Bö erfasste sie. Ich wollte schreien,
so etwas wie: "Nein! Die brauche ich noch!"
Doch die Maske flog weg, gleich drei Stockwerke hoch.

Dort blieb sie dann hängen in einem Baum.
Selbst kletternd, erkannt' ich, erreicht' ich sie kaum.
Also zog ich von dannen, war im Inneren frustriert.
So ein Ärger, was mir da grad ist passiert.

Ich bin sicher, der Wind bläst früher oder später
meine Maske vom Baum und hinfort in den Äther.
Und dann wird sie verdreckt irgendwo bald liegen,
so dass andre Leute bei ihrem Anblick
                                einen Wutanfall kriegen.

Sie werden schimpfen:
                    "Welche Umweltsau ist das gewesen?"
Und dann wird man in allen Zeitungen lesen,
dass die Menschen sich nicht an Hygiene halten ...
Meine Hände sich zum Stoßgebet falten.

Ich bete: "Bitte, lass mich nicht runterfallen,
wenn ich auf den Baum doch klettere,
                    um mir die Maske zu krallen."

Auf halber Strecke ruft jemand: "Klettern verboten!"
Vor Schreck stürz' ich ab. –
                    Zähle ich nun zu den Corona-Toten?

Vorher: mit Nudel

Nachher: sauber

Jetzt aber nicht übertreiben

So ein Mundschutz hat auch seine guten Seiten.
Es gibt viel weniger Irritationen,
die man seinem Gegenüber bereiten
kann. Das möchte ich durchaus mal betonen.

Nach dem Essen zum Beispiel, wenn im Gesicht
eine Nudel hängt noch neben dem Mund.
Ist der Mundschutz drüber, sieht man die nicht.
Was drunter ist, da sagt man: Na, und?

Oder wenn man – auch das will ich kurz erwähnen –
sich satt aß an frischem grünem Salat.
Niemand sieht, was alles hängt noch zwischen den Zähnen.
Das gilt natürlich auch bei Spinat.

Nun könnte sich manch ein Ferkel denken:
"Na, endlich! Wenn ich den Mundschutz trage,
kann ich mir das Zähneputzen ganz schenken."
Irgendwann aber stinkt man nach Kläranlage.

Christbaum-Tradition

Ein Christbaum in Pyramidenform,
das ist zur Weihnacht bei uns die Norm.

Wenn wir mal an die Vergangenheit denken ...
Wir hatten schon mal einen aus lauter Geschenken.
Die waren in grünem Papier eingepackt
und die Kugeln und Kerzen waren etwas abstrakt
an den Ecken befestigt und aufgestellt.
Der Kerzenschein hat uns das Zimmer erhellt.

Wir hatten auch in einem anderen Jahr
(die Erinnerung daran ist wunderbar)
eine Fotocollage von Tannen und Fichten,
weil wir uns ja zum Umweltschutz sehr verpflichten.

Dieses Jahr soll es wieder etwas Praktisches sein.
Wir stellen uns also wieder eine Pyramide rein.
Nur diesmal bauen wir einen richtig wundervollen
weißen Weihnachtsbaum aus lauter Klopapierrollen.
So verbinden wir Geschenke und Umweltschutz.
Der Baum reicht gewiss bis zum Frühjahrsputz.

Aufs verkehrte Pferd gesetzt

Jetzt haben wir dieses Virus schon über ein Jahr.
Das ist doch alles nicht wirklich wahr!
Wir haben sowas von die Schnauze voll!
Wir wollen jetzt aufwachen aus dem Alptraum, jawoll.

Bei "Dallas" hat es doch auch geklappt.
War Pamela Ewing nicht übergeschnappt?
Ein Jahr lang haben wir mit der Witwe gelitten,
dann ist Bobby wieder aus der Dusche geschritten.

Vielleicht reicht es nicht, ständig die Hände zu waschen.
Wir sollten uns mit neuen Maßnahmen überraschen.
Duschen ist das Gebot der Stunde.
Doch heißt das,
        wir brauchen nun noch mal eine Jahresrunde?

Man frisst das so in sich rein

Wo ist denn nur die Disziplin
nach all den Lockdown-Wochen hin?
Ich habe keinen einzigen Termin,
weder heute noch morgen und – wie mir schien –
auch nächste Woche nicht und darüber hinaus.
Mit meinem Gesellschaftsleben ist es so was von aus.

Wozu also soll ich aus dem Bett mich quälen
und die ereignislosen Stunden zählen?
Der Lockdown wird nun zum "locked-in".
Dass ich davon nicht sehr geschockt bin,
das zeugt von meiner Lethargie
nach Monaten dieser Pandemie.

Die Jogginghose
saß mal lose.
Bewegungsmangel und tägliches Kochen
änderten dies.
Ich fühl' mich mies.
Die Impfung wurde uns nun versprochen.

Es dauert noch lange.
Die Warteschlange
zieht sich durch mehrere Bevölkerungsgruppen.
Doch ich hab' gehört
(mancher ist da empört),
Adipöse sich als bevorzugt entpuppen.

Wer nicht hören will, muss fühlen

Die Natur hat von uns die Schnauze voll.
Wir waren ihr wohl nicht genug ehrfurchtsvoll.
Wir haben sie einfach nur ausgenutzt.
Wir haben ihr wunderschönes Kleid verschmutzt.
Wir haben Löcher in sie hinein gegraben.
Wir sagten: "Kriegen ist gut, aber besser ist haben."
Und drum haben wir uns unverschämt bedient,
haben breite Flächen brutal vermint.
Wir haben uns obendrein exzessiv vermehrt.
Ist doch kein Wunder, dass die Natur sich mal wehrt.

Und unsre Versuche, dagegen zu steuern
(kommt ja gar nicht in Frage, unsre Schuld zu beteuern),
die werden jetzt schlichtweg massiv überrollt.
Die Natur uns auf breitester Linie grollt.
Sie will uns offensichtlich sehr dezimieren
und uns mittels Pandemie einfach abservieren.
Sie schickt Virusmutationen in großer Zahl.
So wird unsre Gegenwehr zum Fanal.
Den längeren Atem hat die Natur.
Wir sollten erkennen, für uns tickt die Uhr.

Anschlag auf die Me-First-Einstellung

Corona ist schrecklich, da gibt 's nichts dran zu rütteln.
Wir müssen daher mit sämtlichen Mitteln,
die uns als Menschheit zur Verfügung stehen,

indem wir also alle zusammenhalten
und keine Dutzende Extrawürste gestalten,
uns nicht in lokalem Kleinklein verlieren
oder Vorschriften einfach nur ignorieren,
sondern Rücksicht nehmen und mit Vernunft
verzichten auf so manche Zusammenkunft.

Nur so kann es uns als Gemeinschaft gelingen,
diese Virenbedrohung niederzuringen.
Ignoranz bedeutet, dass wir untergehen.

So macht das wenig Sinn

So funktioniert das auch nicht wirklich

Perfekt angelegt

Hygienemaßnahmen

Das Verhalten der Menschen treibt seltsame Blüten,
wenn sie gegen Corona verhüten.
Ich stelle fest – zu meinem Entsetzen –
dass viele nur auf optische Abschreckung setzen.

Die Maske unterhalb der Nase oft hängt –
vermutlich, damit man nicht so eingeengt
beim Atmen in vollen Zügen sitzt,
zumal man unterhalb dieses Teils arg schwitzt.

Wieder andere denken, das wäre ein Schutz fürs Kinn.
Deshalb hängen sie die Maske dort unten hin.
In den Nachrichten wurde gar von einer Frau berichtet,
die fand, das Gewebe der Maske wäre zu sehr verdichtet.

Aus diesem Grund hat sie keine Luft bekommen
und kurzerhand eine Schere genommen.
Dann schnitt sie in die Maske kleine Atemlöcher.
Wieso nimmt man zum Schutz nicht
                                        überhaupt einen Fächer?

Es müsste doch auch klappen, wenn man ununterbrochen
die Aerosole, die vom Nachbarn kommen angekrochen,
wegfächelt, so dass sie einen nicht treffen.
Die Querdenker würden das sicher alle nachäffen.

Von den Schwaben lernen

Im Lockdown kann man nicht zu den Schwaben fahren.
Diese Reise muss man sich sparen.
Stattdessen lässt man sich virtuell aufzeigen
wie die Schwaben – die sind eigen –
verantwortungsbewusst mit Ressourcen umgehen
und effektiv produzieren davon abgesehen.

Man nehme eine Küchenrolle,
davon nur zwei Blatt – es braucht keine volle.
Die lege man doppelt übereinander
(also, man falte die Ränder zueinander),
dann nehme man ein Heftklammern-Gerät,
denn das geht schneller als genäht.

Nun werden ein paar Falten getackert,
rechts und links auch noch Gummis hin geklackert.
Schon hat man sich einen Mundschutz gebaut.
Gell, da habt ihr jetzt geschaut?!
Und das Ganze kostet höchstens zehn Cent.
Ja, das ist sparsam, so wie man die Schwaben kennt.

Doch es geht noch weiter mit der Effizienz.
Diese Einmalmaske ist ohne Konkurrenz.
Man trägt sie beim Einkauf oder in der Bahn.
Zuhause wird sie vorsichtig runtergetan.
Wie üblich drängt es einen im Darm inzwischen.
Jetzt kommt der Clou! – Man kann sich mit der Maske
noch den Arsch abwischen.

Soll einer sagen, die Schwaben hätten 's nicht drauf.
Die rennen alle nicht zum Maskenkauf.
Die sitzen daheim ohne Panik am Tisch
und basteln ihre Masken täglich frisch.
Die Küchenrolle gibt es ja auch bedruckt,
sowie als vierlagiges Luxusprodukt.

Gegen was demonstrieren die nur alle?

Ich stehe vor der Kasse mit verhülltem Gesicht.
Du bist hinter mir und rückst auf ganz dicht.
Auch trägst du keine Maske, wie sich das gehört.
Das ist ein Verhalten, das mich sehr stört.

Ich weiß, wenn ich dich darauf nun anspreche,
wirst du ausfallend, von wegen was ich mich erfreche.
Es wäre dein freiheitliches Menschenrecht.
Ich denke mir nur, du benimmst dich schlecht.

Ich finde, man muss nicht auf allem beharren
und in seinem privaten Egoismus erstarren.
Man hat auch das Recht, sich so zu benehmen,
dass alle aufeinander gut Rücksicht nehmen.

Doch die Menschen entwickelten sich zu Egomanen,
die höchst allergisch reagieren auf dezentes Ermahnen.
Da ist von Solidarität nicht mehr viel zu spüren.
Man reagiert heftig und über Gebühren.

Na wartet, falls mal eine richtige Krise,
also eine noch viel schlimmer als diese,
euch wirklich harten Verzicht abverlangt,
dann beschwert euch nicht, wenn ihr schwer erkrankt.

Endlich vorurteilsfreie Partnersuche

Da wir uns nun alle verhüllen müssen,
seitdem wir um die Gefahren wissen,
haben alle Menschen mit schiefen Zähnen
nun mehr Chancen. Das möchte ich erwähnen.

Man kann sich ja nur in die Augen blicken.
Man darf sich nicht mal mehr die Hände drücken.
Man begegnet sich mit größerer Distanz.
Beziehungsaufbau wird zum Eiertanz.

Den Spruch "Sie dürfen die Braut jetzt küssen"
werden wir künftig also vermissen.
Wie wird sich die Zeremonie dann gestalten?
"Sie müssen jetzt nicht mehr Abstand halten."

Bekommt man zwei Wochen Honeymoon-Quarantäne,
bevor man sich den Mundschutz gegenseitig abnähme?
Und wird man dann erst mit Erschrecken
die schiefen Zähne des Ehepartners entdecken?

Wer hat 's verbrochen?

Corona hat uns die Freiheit geraubt.
Ein Großteil des Volkes aber dennoch glaubt,
da stecken Unterdrückungspläne dahinter.
Man will uns vernichten und unsere Kinder.

So ein Blödsinn! Was hätte man denn davon?
Noch immer kämpft eine jede Nation
darum, Leben zu retten. Deshalb gibt 's Quarantäne
und die Maskenpflicht, die ich hier auch erwähne.

Dicht an dicht und ohne Maske herumzulaufen,
ist keine Lösung und auch nicht Klopapierkaufen.

Je mehr sich das Volk gegen Maßnahmen spreizt,
je mehr die Stimmung wird aufgeheizt,
umso erfolgreicher kann sich das Virus verbreiten.
Ich hoffe, das Dummvolk kapiert das beizeiten!

Ausgebremst für immer?

Totenstille – die Bahn fährt leer
zwischen den Endhaltestellen hin und her.
Das Haus zu verlassen, ist inzwischen verboten.
Die Behörden mit empfindlichen Strafen drohten.

Nur wer einen wichtigen Beruf ausübt,
der darf noch nach draußen, doch wie 's ihm beliebt,
das ist natürlich auch dem nicht erlaubt,
selbst wenn er womöglich anderes glaubt.

Das Leben zu einer Art Stillstand kam.
Unvorstellbar, in welchem Umfang nun alles lahm
und heruntergefahren in der Starre vernebelt.
Ein kleines Virus hat die Menschheit
                                    aus den Angeln gehebelt.

Alle Welt inzwischen auf einen Impfstoff wartet,
damit gleich nach der Impfung alles wieder startet.

Wie bringt man den Leuten als nächstes nur bei,
dass man nicht gleich am folgenden Tag sich wieder frei
in sein altes Leben zurückbewegen kann?
Ach, und wann fängt die nächste Pandemie dann an?

Wir sitzen alle zusammen im Boot

(inspiriert von Twitternutzer @SeinVollerErnst)

Das Leben ist eine Wildwasserfahrt.
Manch Gefahr sich dabei durchaus offenbart.
Viele Gruppen sitzen in ihren Booten.
Flussabwärts heimlich schon Stromschnellen drohten.

Die Ruderer funkten von vorne nach hinten:
"Vorsicht! Gefahr! Man kann hier leicht sinken,
wenn man nicht beizeiten dagegen rudert
und bei Vorsichtsmaßnahmen ignorant schludert."

Recht schnell wird allerdings festgestellt,
man hat nicht genug Schwimmwesten hergestellt.
Es gibt auch nicht Paddel für jeden im Boot,
auch nichts zum Wasserschöpfen. Bald herrscht große Not.

Obendrein sitzen immer noch ein paar in der Mitte,
die verweigern jegliche Maßnahmen und Schritte,
um den Stromschnellen vorsichtig auszuweichen.
Kein Argument kann diese *Demonstrierer* erreichen.

Die Boote tanzen in den Stromschnellen
immer heftiger auf und ab zwischen all den Wellen.
In jeder Kurve geht mal ein Mann über Bord.
Die wenigen Ruderer kämpfen im Akkord.

Im amerikanischen Boot, der Kapitän
behauptet, er hätt' hier noch nie Stromschnellen geseh'n,
und dass Schwimmwesten überaus unbequem sind,
das weiß doch schon immer jedes Kind.

Das Rauschen des Wassers wird immer lauter.
Von den Mittesitzern erklingt ein vertrauter
Slogan: "Wir wollen hier weiterfeiern.
Scheißegal, ob bei dem Seegang schon einige reihern.

Und wenn die kopfüber ins Wasser stürzen,
es sind doch nur die Alten, die so ihr Leben verkürzen.
Was schert uns das, wenn da ein paar ertrinken.
Wir können ja klatschen und zum Abschied winken."

Die Ruderer sind inzwischen völlig erschöpft.
Es ist auch niemand mehr da, der das Boot leerschöpft.
Doch plötzlich werden gar die Mittesitzer ganz still.
Das Rauschen des Flusses wird lauter und schrill.

Man kann das Boot nicht mehr steuern,
                            es bekommt einen Drall
nach rechts und dort ist der Wasserfall.
Auf einmal wollen alle aus der Mitte schnell fliehen.
"Wieso habt ihr uns nicht gewarnt?"
                            wird auf einmal geschrien.

Alle wollen voller Panik ganz schnell noch an Land.
Dass es hierfür zu spät ist, haben sie nicht erkannt.
Die Boote stürzen ab, unten treiben nur Planken.
Dass es so weit kam, hat man den Ignoranten zu verdanken.

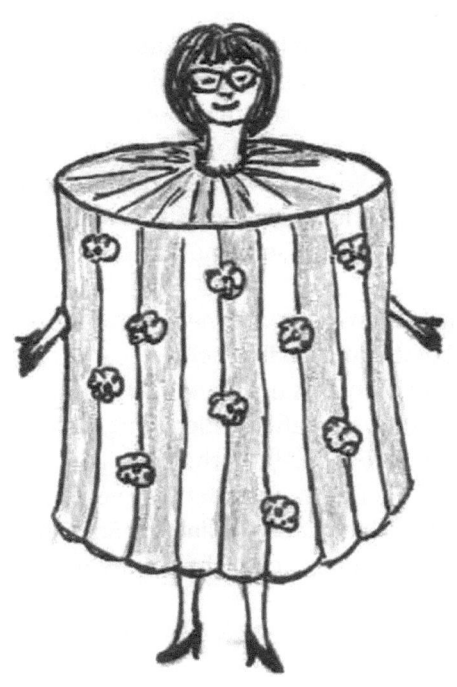

Wem Corona nützt

Wie ich hin und wieder höre,
gibt es Corona-Profiteure.

Lieferdienste und Online-Handel
erfahren einen Boom durch den Einkaufswandel.
Man kann in Cafés und Restaurants nicht mehr essen.
Auch Shopping-Bummel kann man derzeit vergessen.
Doch der Kunde, der noch immer nur Glück erfährt,
indem er schnell bekommt, was sein Herz begehrt,
der freut sich am Kurierdienst-Sozialkontakt
und an dem, was er zuhause gemütlich ausgepackt.

Auch Streaming-Dienste bekommen mehr Abonnenten,
vermutlich zuerst von den dekadenten
Leuten, die mit sich nichts anzufangen wissen.
Irgendwann ist man schließlich auch leergeschissen.
Und aus Klopapierrollen Labyrinthe zu bauen,
kann einem auf die Dauer auch den Tag versauen.
Da zieht man sich doch lieber online die Scheiße rein.
Vor der Glotze fühlt man sich nicht mehr ganz so allein.

Die Industrie könnte jetzt jedoch auf die Schnelle
Kleidung entwickeln, also neue Modelle,
mit denen man sich gegenseitig auf Abstand hält,
auch wenn ein Litfaßsäulen-Look
vielleicht nicht allen gefällt.
Doch wenn jeder eine Ein-Meter-Halskrause trägt,
sobald er sich in der Öffentlichkeit bewegt,
werden automatisch zwei Meter Abstand gehalten
und dann kann man sich bald auch wieder freier entfalten.

Ich glaube, ich lasse mir die Idee patentieren.
Dann werde ich sogar von Corona profitieren.

Klopapier-Hamsterei geklärt

Natürlich ist mir Corona nicht schnuppe!
Schließlich gehöre ich zur Risiko-Gruppe.
Ich befinde mich freiwillig in Quarantäne
und bin bewaffnet bis an die Zähne.

Mit Klopapier habe ich hochgerüstet,
denn wenn es dieses blöde Virus gelüstet,
sich über meinen Körper herzumachen,
dann hat es bei mir gleich nichts mehr zu lachen.

Mein Immunsystem verfügt über einen verlängerten Arm,
und der windet sich nämlich durch meinen Darm.
Also bin ich bereit für diverse Klistiere,
mittels derer ich den Scheiß-Virus gleich wieder verliere.

Kein Wunder also, dass ich viel Klopapier brauche.
Ich muss doch schließlich von dieser Jauche
den Kack aufwischen, den Dreck entfernen.
Ja, Leute, von mir kann man echt noch was lernen.

Mein Nachbar hatte wohl die gleiche Idee,
denn wenn ich ihn nach dem Einkaufen seh',
dann lädt der stapelweise Klopapier aus dem Kofferraum.
Fuck, der hat viel mehr als ich! Ich glaube es kaum.

Keine halben Sachen machen

Ein Lockdown kommt, es ist Gefahr in Verzug.
Ist es dann aber wirklich so klug,
noch zehn Tage zu warten, bis der beginnt?
Die Hälfte der Bevölkerung, ehrlich, die spinnt
doch und lässt es allgemein noch mal krachen,
bevor die Kinos, Restaurants und Läden zumachen.

Mir scheint, die Regierung ist ahnungslos,
sonst wüsste sie, dass man den Lockdown rigoros
umsetzen muss von jetzt auf gleich.
Die Verzögerung ist negativ folgenreich.
Dazwischen kurz mal lockern macht auch keinen Sinn.
Damit bringt man das Ergebnis nur wieder auf Beginn.

So tritt man auf ewig auf der Stelle
und produziert sich ständig eine neue Welle.
Auf diese Art kriegen wir die Pandemie nicht weg.
Stattdessen sitzen wir immer länger im Dreck.
Das geht so lange, bis uns allen die Geduld ausgeht
und der wütende Mob auf der Straße steht.

Ausgedacht
in der Corona-Nacht